JN057366

レニングラード (現サンクト・ペテルブルグ) のデカブリスト広場 (現元老院広場) に立つインタビュー対象者. 背後は聖イサーク大聖堂。ソ連時代トラクター運転手であったインタビュー対象者はソフホーズの仕事で成果を上げたため労働組合から旅行バウチャーが配布された. 同行者は同じ村から他に 3 名, 他の地域から 5 名の計 8 名. 初めて飛行機に乗った. 1974 年、団体旅行中に写真家撮影.

クリミア半島の黒海沿岸都市セバストポリのグラフスカヤ桟橋付近で. 写真提供者はキルギス国籍ロシア人 62 歳女性で, インタビュー対象者でもある (表 1-3 参照). 職場の労働組合からバウチャーをもらって, 当時アトリエに務めていた夫と一緒にソ連国内旅行に参加. 同行者はソ連中から集まったロシア人, ウクライナ人, タタール人, キルギス人, ウズベク人など. 1980 年, 団体旅行中に写真家撮影.

西コーカサス地方アブハジアの氷河起源のリッツア湖で．写真提供者はキルギ
ス国籍ロシア人 63 歳女性で，インタビュー対象者（表 1-3 参照）．工場労働者
であった彼女は職場の労働組合からこの団体旅行を配給され，同僚数名と共に
参加した．この団体もソ連中から集まったロシア人，ウクライナ人，タタール人，
キルギス人，ウズベク人などからなる．1982 年 7 月，団体旅行中に写真家撮影．

5 月 1 日のメーデーを祝うパレード終了後，当時フルンゼ（現ビシュケク）に位置する国立フィルハーモニーの学生であったインタビュー対象者は同級生と一緒に写真に写った．背後にそのフィルハーモニーが見える．同行者は皆キルギス人であり，キルギスの伝統的衣装を着てパレードに参加した．パレードは所属団体により，その団体を象徴する衣装を着たり，モノを持ったりして広場を行進した．1987 年、写真家により撮影.

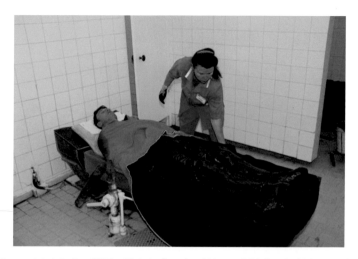

オーロラサナトリム（湖畔の温泉リゾート）で行われる泥治療．血液循環や代謝，免疫が強化され，炎症が改善される．1979 年にイシック・クル湖畔に建設されたオーロラは，ソ連時代は共産党の特権階級のみがバウチャーで利用できた温泉クロールトであった．資本主義化以降は誰でも現金で利用できる．2012 年 8 月 7 日筆者撮影．

オーロラでの医者による温泉のチェック．各観光客の温泉入浴可否はオーロラ付属の医者の管理下により判断される．2012 年 8 月 7 日筆者撮影．

ビシュケクから北東 300 kmの位置にある標高 3,016m ソン・クル湖周辺での草
原観光でインタビュー対象者と妻．馬の所有者は大学からの友人医師で，無料
で借りた（友人から招待された）．同行者は妻と孫たち．後ろに友人所有のボズ・
ユイ（キルギスの伝統的な移動式住居．ロシア語ではユルタ）と自家用車．ボズ・
ユイはインタビュー対象者が来る前に，友人が馬に積んで村から運んできて組
み立てておいた．10 日間滞在し，馬乳酒治療や乗馬を楽しんだ．2018 年インタ
ビュー対象者の友人が所有する草原で家族が撮影．

草原観光中，ボズ・ユイの中で親戚や外国からの客と一緒に食事するインタ
ビュー対象者．調理は親戚が主導し，同行した子供たちも手伝う．木骨をフェ
ルトで覆うボズ・ユイの内部は，鮮やかな色彩の羊毛で作られた絨毯や飾りで
溢れる．ボズ・ユイを所有する親戚は山の麓に常住しており，夏に通常の家の
隣にボズ・ユイを組み立てるが，標高の高い所に運ぶ際は馬 2 〜 3 頭に積んで
運ぶ．トイレは外の地面に穴が掘られた和式トイレや自然トイレも多い．2012
年 7 月家族撮影．

B 氏企画の 3 泊 4 日の乗馬観光中のポーター．B 氏を含む 11 名，馬 11 頭でチョ
ン・ケミン渓谷を出発し，イシック・クル湖畔に出る．馬で越える最高地点は
約 3,500m で，道中はテンシャン山脈の一部である西クンゴイ・アラトー山脈
や湖の美しい景観を望める．宿泊はボズ・ユイ（据置で宿泊料が必要）と持参
したテント．飲食は自炊とボズ・ユイ所有者に頼んで作ってもらった．馬の所
有者は出発地チョン・ケミン村民で，馬一頭 1 日 800 ソム（12$US）．2016 年
7 月筆者撮影．

資本主義化後にできた新タイプの温泉施設．インタビュー対象者が家族と一緒に遊びに来た．背後のボズ・ユイは宿泊施設でもあり，レストランでもある．イシック・クル湖畔に位置し，湖岸と往来でき，ビシュケクからの観光客が多い．この日はビシュケク近隣の町トクマクからのドンガン人農家も多かった．ドンガン人は農業労働に定評があり，冬の農閑期に腰痛治療の目的で温泉に集団で滞在していた．2018 年 1 月筆者撮影．

ビシュケクから約 400 km, イシク・クル湖の南東にあるカラコルスキーリゾート.
インタビュー対象者は 2 週間に 1 度, 家族と一緒にスキーに訪れる. モミの木
が多いスキーリゾートであり, 観光客が多い. 左の大きな建物は宿泊施設.
2018 年 1 月インタビュー対象者撮影.

転換する観光経験

ポスト社会主義国キルギスにおける
ソ連時代経験者の観光実践を中心に

はじめに

　キルギスは 1991 年にソ連から独立した中央アジアの小さな山国である．ソ連時代には外国人立ち入り禁止だったキルギスのイシック・クル湖周辺も，近年外国人観光客にとって人気の観光地である．キルギスは元々シルクロードが通った場所でもあるので，観光が盛んになっている．夏には，草原で馬に乗ったり，馬乳酒を飲んだり，湖で泳いだり，じゅうたんのように広がるエーデルワイス，風鈴草や風路草，ラベンダーといった花々，冬にはスキーリゾートが毎年観光客を魅了する．キルギスの観光は，インバウンドだけでなく，アウトバウンドでも同じだ．キルギス国民は西ヨーロッパを始め，ソ連時代に夢ですら見られなかった先進国日本での観光もできるようになっている．このようにキルギス国民の観光は転換しているのだ．

　1991 年にソ連が崩壊した時，私は 11 歳でキルギスの地方の小学校 5 年生であった．ソ連時代にモスクワから計画的に送られてきた店の商品はソ連崩壊直後に棚から消えて，代わりにパンやバターなどの必需品を求めて行列に並び，配給券で買っていたことを覚えている．しばらく店の中は空っぽの状態であったが，その 2〜3 年後に中国との貿易が開始され，中国製品で埋まるようになった．私の叔父も中国との国境税関の仕事をしていたため，大きいバブルガムやバナナをよく持ってきてくれた．その時初めて私はバナナを食べた．このような社会体制転換時の状況は今も記憶に残っている．しかし，大学 4 年生の時に日本ユーラシア協会清水支部の招待で静岡県清水市にホームステイをした際に，富士山への訪問や町の観光に加え，店にあふれる豊富な商品を見て驚いた．その中でも温泉観光は最も印象的であった．私が幼少時にアトピーの治療目的でしか訪れられなかったキルギスの温泉と違い，親も子供も一緒に楽しめる日本の温泉での経験が，それまで抱いていた観光のイメージだけでなく，価値観も転換させ，日本の大学院への留学を決心させることになった．日本での留学経験をきっかけとして，キルギス国民の観光経験について考えるようになり，例えば「ソ連時代の観光がよかった」，あるいは「現在の観光の方がよい」など，キルギスの社会体制転換前後の観光に対して異なる意見があることを知った．しかし，本書は両時代の観光経験のどれが良かった良くなかったというような判断をするのではなく，キルギス国民のそれぞれの時代と社会体制転換によって変化した観光の動機や意味を明らかにする．

目次

第1章　序論　　1

第1節　研究の背景と先行研究 ………………………………………………… 2
1. 研究背景と問題意識 ………………………………………………… 2
2. ソ連における観光研究―西欧とソ連の研究者の視点から ………… 5
3. ソ連崩壊後の観光研究 ……………………………………………… 7
4. 体制転換前後の経済・社会研究 …………………………………… 8

第2節　研究目的と対象地域 …………………………………………………… 13
1. 研究目的 ……………………………………………………………… 13
2. キルギスの歴史的背景と社会慣行 ………………………………… 14
　　a) 社会主義化政策と民族間格差 ………………………………… 15
　　b) 家父長制的社会と相互扶助 …………………………………… 15
3. 「観光」か，「Tourism」か ………………………………………… 16
4. 資本主義化後のキルギスの観光研究 ……………………………… 19

第3節　研究の方法と枠組み …………………………………………………… 20
1. 本研究の構成と分析視点 …………………………………………… 21
2. 分析資料 ……………………………………………………………… 23
3. インタビュー方法と内容 …………………………………………… 25
4. ライフヒストリーの先行研究と本研究の併用資料 ……………… 29

第2章　キルギスにおける観光の展開　　31

第1節　帝政時代における観光 ………………………………………………… 32

1. 帝政ロシアにおける観光 ……………………………………… 32
    a）ロシア版グランドツアーと観光の事業化 ……………… 32
    b）「Tourism」の登場 ……………………………………… 34
    c）治療旅行と保養地の誕生 ……………………………… 35
2. キルギスにおける観光の胎動 ………………………………… 37
第 2 節　ソ連時代における観光 …………………………………… 38
1. 初期のプロレタリア観光とその挫折 ………………………… 38
2. ソ連政府・共産党主導の観光発展 …………………………… 41
    a）観光管理システムの再編 ……………………………… 41
    b）休暇施設の整備 ………………………………………… 44
3. ソ連時代におけるキルギスの観光 …………………………… 50

第 3 節　資本主義化以降の観光 …………………………………… 53

第 **3** 章　**キルギスにおける社会階層と観光**　55

第 1 節　キルギスにおける社会階層 ……………………………… 58

第 2 節　社会階層別にみたキルギス国民の観光 ………………… 61
1. ソ連時代における社会階層別の観光 ………………………… 61
    a）政府主導の観光 ………………………………………… 62
    b）中間的な観光 …………………………………………… 72
    c）自由に行われた観光 …………………………………… 76
2. 資本主義化以降の社会階層別の観光 ………………………… 78

第 **4** 章　**ソ連時代経験者のライフヒストリー
　　　　からみるキルギス国民の観光**　87

第 1 節　社会体制転換に伴う社会階層の移動類型 ……………… 88

第 2 節　エリート・インテリ層から基礎階層に転じた者 ……… 91

　　1. ソ連時代の観光 ··· 91
　　　a）少年期牧畜村での伝統的な観光 ························· 91
　　　b）青年期の政府主導の観光 ······························· 96
　　　c）インテリ・エリートへの段階的昇格とクロールト観光 ··· 99
　　　d）観光の獲得手段とコネクション ······················· 104
　　2. 資本主義化以降の観光 ······································· 107
　　　a）ソ連崩壊後の混乱期（1991〜1995年）················· 107
　　　b）資本主義体制への転換期（1995〜2005年）············· 111
　　　c）資本主義体制確立期の観光（2005〜2016年）··········· 112

第3節　インテリ・エリート層から新興富裕層へ達した者 ··· 116
　　1. ソ連時代の観光 ··· 116
　　　a）幼年期の伝統生活に根付いた慣習としての娯楽 ········· 116
　　　b）少年期の重労働とアルテックへのキャンプ旅行 ········· 117
　　　c）学生集団労働とモスクワ留学中の優遇措置 ············· 120
　　　d）若手大学教員の観光取得状況と日本留学 ··············· 123
　　2. 資本主義化以降の観光 ······································· 125

第4節　労働者・農民から基礎階層へ移行した者 ··········· 130
　　1. ソ連時代のコルホーズ農民の観光 ··························· 130
　　　a）幼年期および少年期の伝統的な遊び ··················· 130
　　　b）東ドイツ兵役時代 ··································· 132
　　　c）上司の援助による観光 ······························· 133
　　2. 資本主義化以降の観光 ······································· 135

第5節　ソ連時代経験者のライフヒストリーからみた社会階層と
　　　　観光の関係 ··· 139

第5章 キルギスにおける社会体制転換と 観光に与えられた役割・意味の変容 143

第1節　観光に関わる制度・制約・仕組み……………………………… 144

第2節　観光の動機 ………………………………………………………… 147

第3節　観光の社会的機能 ………………………………………………… 149

第4節　観光に付与された意味……………………………………………… 150

第6章 結論 153

参考文献……………………………………………………………………… 157

付録　用語説明……………………………………………………………… 165

謝辞…………………………………………………………………………… 170

図一覧

図 1-1 インタビューを実施した温泉クロールト・湖畔リゾートの位置 ········ 24

図 2-1 ソ連時代の観光管理機関（1962 年以降）·· 43

図 4-1 社会主義時代と資本主義化以降のキルギス国民 3 人の観光行動
（1970～2016 年）··· 141

表一覧

表 1-1　本研究の分析視点··· 22

表 1-2　インタビューと回答者の概要····································· 25

表 1-3　キルギス共和国 3 カ所の温泉クロールトおよび湖畔別荘地にて
　　　　実施したインタビュー対象者の属性···························· 26

表 1-4　ライフヒストリー分析の併用資料と調査対象者の関係·············· 30

表 2-1　ソ連における計画的に整備された休暇施設（1970〜1980 年代）······· 45

表 2-2　ソ連における休暇施設数（1913〜1976 年）······················ 47

表 2-3　1976 年のソ連の地域別レクリエーション機能と開発レベル·········· 48

表 2-4　ソ連時代のキルギスにおける休暇施設数の推移（1939〜1986 年）···· 52

表 3-1　ソ連時代（1970〜80 年前半）における社会階層別にみた観光·········· 60

表 3-2　ソ連時代のキルギスにおける平均月給（1970〜80 年代前半）········· 66

表 3-3　社会階層別にみた資本主義化後のキルギス国民の観光················ 80

表 4-1　社会体制転換に伴う社会階層の移動類型·························· 89

表 4-2　A 氏の大学卒業までの主な観光（1959〜1962 年）················· 92

表 4-3　A 氏の就職後の主な観光（1975〜1990 年）······················ 101

表 4-4　社会主義時代の A 氏の贈り物一覧····························· 105

表 4-5　A 氏のソ連崩壊後の主な観光（1991〜2016 年）················· 108

表 4-6　A 氏の資本主義化以降の贈り物一覧··························· 110

表 4-7　B 氏のソ連崩壊後の主な観光（1991〜2016 年）················· 126

表 4-8　C 氏の社会主義時代における上司への贈り物一覧················ 134

表 4-9　C 氏の資本主義化以降の主な観光とその内容··················· 137

写真一覧

写真 3-1　イシック・アタ温泉クロールトの利用者 ·· 57

写真 3-2　オーロラ湖・温泉リゾート ·· 57

写真 3-3　資本主義化以降に誕生したカルヴェン別荘地 ······························· 58

写真 3-4　インタビュー対象者 No7. のソ連国内ツアー（1979 年）··········· 74

写真 4-1　A 氏の妻の家計簿に記載された親戚・友人への贈り物の一部
　　　　　（1979 年）·· 106

写真 4-2　A 氏の孫の 1 歳の誕生日に開催した伝統的な Toi で親族・友人に
　　　　　使ったお金と贈り物のやりとりの一部（1994 年）················· 111

写真 4-3　A 氏が毎夏訪問する親戚の草原 ··· 114

写真 4-4　B 氏企画の乗馬ツアー ··· 128

第 **1** 章

序 論

第 1 節 ⟩ 研究の背景と先行研究

1 研究背景と問題意識

　現代社会には観光と称される行動や社会現象が存在し，それらと関わりをもつ事業活動も盛んに行われている．中でも日本を含めた先進諸国においては，観光は国民生活の一部となり，一般大衆のものになっている（前田　1991；須藤　2008；遠藤・堀野　2010）．観光は余暇の時間に行うレクリエーションを主目的とした行動で，その際に移動や一時的滞在を伴うもの，あるいは，それらの関連現象も含まれる（ピアス　2001）．しかし，この前提にあるのは資本主義に基づいた豊かな西欧社会である．18世紀後半イギリスに始まった産業革命以降の経済的・社会的な変革によって，人々は労働で賃金を得ると同時に余暇をも得ることになった．これが，後の観光の発展に大きな影響を及ぼした．つまり，近代観光はこの労働の中から発生し，仕事と余暇をはっきり区別して発展してきたのである（小池・足羽　1988）．

　現代の資本主義社会における消費は個々人の需要に合わせるような複数の選択肢が供給されるため，個人はその中から自由に選択していると錯覚している．ボードリヤール（1968 = 1980）も，消費は個人の自発的な欲求や合理的な選択ではなく，むしろ記号により物を差異化する広告によって支配されると説く．つまり，資本主義社会における消費は，個人による自由な選択と企業による商品化・演出の接合だと言える．また Urry（1990）は，ホスト・ゲストを含む個人の観光体験に加え，非観光的な社会体験や社会意識に紐づいて照射されたまなざしにより，観光的価値が認識され観光地が形づくられていくことを明らかにした．ホスト・ゲスト両者にとって，まなざしは初めから存在している特質で定まるのではなく，家庭と賃労働の中に見られる慣行のような非観光的社会行為と，上述の記号システムを前提に定まるわけである．資本主義社会においてはこのような作用がおのおのの観光の実践を位置付けていくのである．

　一方，20世紀初頭に誕生した社会主義体制のソ連では，消費は国家の経済計画に基づいたものであり，黄金時代とされるブレジネフ施政下であっても商

品は質・量ともに貧弱であった．そのため，日常生活では物の「購入」という
言葉は「調達」や「入手」に置き換えられ，どこで「調達」したかという質問
は，仲介者や割増金，行列の存在等複雑な意味を持っていた（Osokina
1999）．観光も同様であり，例えば一部の温泉クロールト[1]への旅は，仕事で成
果を上げた人しか行けず（アコマトベコワ　2013），余暇や楽しみも計画経済
のもとで生産や労働と同様に管理され，リゾート地での余暇・観光も原則とし
て共産党によって与えられるものと考えられていた（アコマトベコワ　2015）．
　以上のことから，これまで資本主義社会を前提にして議論されてきた観光の
概念は，さまざまな社会体制を踏まえた議論により拡張される可能性を秘めて
いる．筆者は社会主義体制にあった報酬としての観光も含めて観光の概念は幅
広く捉えられる必要があると考える．そこで本研究では，社会主義と資本主義
両体制下の観光を扱い，観光の経験と動機，観光に付与された意味を考察する．
なお，本研究では，観光という概念で分析・考察する範囲を，時には一般的に
レクリエーション的な色彩の濃いもの（パレードや祭り，映画鑑賞等）や，労
働的色彩の濃いもの（農業・建設集団活動）も含む形で捉える．なぜなら，ソ
連時代には観光の種類が限られ，移動できる距離・範囲も制約されたため，ソ
連国民はレクリエーション的・労働的色彩の濃いものにも積極的に楽しみを見
出していたし，キルギス特有の民族的習慣トイ・アッシュ（Toi Ash）[2]を把握
するためにも必要不可欠だからである．
　本研究が対象とするのは中央アジアのキルギスである．ソ連の社会主義体制

1　クロールト（kurort）とは保養地であり（研究社露和辞典　1988），ピョートル大帝によってヨー
　ロッパから導入された．海辺・湖畔，森林・山間部に立地する治療やリハビリ，病気予防のため
　の温泉・泥療養施設である（Doljenko 1988）．ソ連時代には休暇施設の中で最も高級で贅沢なもの
　だと国民に認識されていた．労働組合管理のクロールトは大人専用であり，ソ連の労働者はクロー
　ルトを1人で，あるいは，妻と一緒に利用することが多かった（Palmer 2006）．一方，サナトリ
　ウム（サナトリー sanatoriy）は海や湖畔，森林・山間部での療養ができる施設で，結核等の特定
　の病気治療用のものも存在する．なお，キルギスのイシック・クル湖畔の高級クロールト，オー
　ロラはサナトリウムと名がつけられているが，キルギスで最も豪華なソ連時代のクロールトとし
　て知られる．共産党上級党員・幹部専用施設として建設された（Boobekov 2008）ため，それ以外
　の人々に配慮してあえてサナトリウムと名付けられたと考えられる．ソ連時代は大人のみが宿泊
　できた．ほかに，パンシオナット（pansionat）は海や湖畔に立地し，一部では温泉・泥治療，物理
　治療が行われる．ソ連時代は子供も同伴で宿泊できた．また，休暇ホーム（ドム・オッドゥハ
　dom otdyha）は海や湖畔に立地し，治療が行われない休暇施設が存在する．ソ連時代は大人のみ
　が宿泊できた．本研究ではこれらの施設に行くことを総合して「クロールト旅行」とする．

下では階層差がないことが建前とされたが，ソ連時代の中央アジアは事実上ロシア人によって統治され，キルギス人を含む各少数民族独自の制度や習慣は抑制されロシア化された（Kosmarskaya 2006）．登山やソ連国内旅行，温泉クロールトやダーチャ[3]の配給もソ連政府によるキルギス社会のロシア化政策の一部と言える．伝統的に遊牧・移牧と結びついた部族は解体され，コルホーズ[4]等の集団単位で定住化が押し進められた．ソ連政府はこれらの農場や工場，学校等の集団単位で人々を管理し，観光や贅沢品を集団単位で配給したため，ソ連の他の地域と同様キルギスでも職場や学校の求心力は高かった．このように，本研究がキルギスを研究対象とすることによって，ソ連社会に広く共通していた観光の役割に加えて，旧来の制度や習慣が抑圧された辺境の少数民族にとっての観光の位置づけも解明できる．ソ連崩壊に伴う混乱期を経て，キルギスでは遊牧・移牧の伝統的な習慣を引き継ぐ草原観光が生まれ，人々は職場や学校よりも家族や部族に信頼や庇護を求めるようなった．本研究ではキルギスを取りあげることで，ソ連の抑圧から解放され経済的に不安定な中で求心力となっている民族性と観光との関わりから，資本主義化後の少数民族社会における観光の社会的役割も解明することができる．

2　トイ・アッシュ（Toi Ash）はキルギス独自の家族・親戚・友達や知り合いとの会合である．トイ（Toi）は赤ちゃんの誕生祝いから80〜90歳等の祝い，結婚式，自分所有の家の建設や購入の祝い等であり，大抵の場合招待されていくものである．アッシュ（Ash）は葬式一周忌であり，招待されて行く．ほかに，シェリネ（Sherine）とテゥロー（Tuyloo）もトイ・アッシュに含めた．シェリネは，一定期間間ごと（1年間内でそれぞれの参加者が必ず当たるように実施の期間を決める）に近所・親戚・友人・知り合いの間で互いの家に順番に招待しあい，食事（現在カフェやレストラン実施が多い）や会話を楽しむ交流のことである．テゥローは，動物の奉納を行い，その場所の使用許可を得ること（例えば，家を建てるために），あるいは，物事（例えば，無事に遠い場所から帰ってきた）の成就の祈りのために家族・親戚・友達を集めて行うイベントである．

3　ダーチャは（特に避暑の）別荘（zagorodnyi dom），または郊外避暑地を指す（研究社露和辞典 1988）．ソ連時代の1930年代には，ソ連の大都市に在住する軍人，専門家，芸術家，作家などの中で最も裕福な者が，政府から借地して夏のダーチャを自費で建てた．同時期に，政府はこれらの階層に公営のダーチャを貸し出す制度を作った．例えば，筆者のインタビューによると，フルンゼ在住のキルギス共産党第一書記や各省大臣等のエリートも公営のダーチャを使用したが，任期が終わり次第返却しなければならなかった．一般の労働者に分配されたダーチャ用地には15㎡〜20㎡の家の面積制限があった．そして，与えられたダーチャの土地は国の所有であるため，土地を活用しない場合は国に返却しなければならなかったという．家を建てて利用し続ける人は，地区ごとに組織されたダーチャ協同組合から家の利用権を得ることで，相続もできた．

4　コルホーズとは，集団農場（コレクティヴノエ・ホジャイストゥヴォ kollektivnoe hozyaistvo）の省略形である（研究社露和辞典 1988）．その集団が生産手段を所有・管理した農業協同組合であった．所属する農民は共同労働を行なった（Belovinskiy 2015）．

2　ソ連における観光研究—西欧とソ連の研究者の視点から

　西欧の研究者たちの先行研究では，ソ連の社会主義体制下の観光が社会主義イデオロギーを拡大する手段であると指摘されてきた（Jaakson　1996；Palmer　2006；Gorsuch and Koenker　2006；McReynolds　2006；Hall 1998；2004）．また，帝政時代に観光旅行の実施の可能／不可能を決めていたのは市場メカニズムであったが，ソ連時代には政府が市場に代わる存在となり，ノルマを達成して得られる特権として，労働者に観光を与えた（マクレイノルズ　2003 = 2014）．ソ連政府は，労働者である観光客を「新規なもの，文化的なもの全てをソ連の隅々にまで伝導していく媒体」として辺境地へ送り込み，観光を社会主義者の育成手段へと変えた（マクレイノルズ　2003 = 2014）．Fitzpatrick（1992）も指摘するように，帝政期とソ連では観光客の使命が異なり，帝政期の観光客は自己の陶冶を目指していたが，ソ連時代の観光客は社会を教化する使命を負わされたのである．

　ソ連の影響で社会主義体制を経験した東ヨーロッパ諸国の観光も社会主義時代には旧ソ連と同様に社会的観光（social tourism）が主であったが，ソ連と異なり市場経済の芽があったため市場化された観光（market tourism）も存在した（Gralec　1996；Light　2000）．呉羽（2001）は，社会主義時代のチェコを訪れる観光客は主に社会主義諸国からであったこと，チェコ人の旅行先も社会主義ブロック内で完結していたことを明らかにし，その理由として外貨の交換制限や西側諸国への渡航制限を挙げている（呉羽　2001）．この指摘は，ソ連の観光について多くの書籍や論文を出している歴史学者 Ann Gorsuch と Diane Koenker らの言及と同様である（Gorsuch and Koenker　2006；Koenker　2009）．なお，ソ連でエリートの一部が行っていた西ヨーロッパへの海外旅行もあるが，これはただ単に地理的に国境をこえるのではなく，資本主義社会の視察を意味していた（Gorsuch and Koenker　2006）．ただし，観光がソ連政府・共産党によって管理・制限されていたとはいえ，リゾート地はソ連のあらゆる民族の交流の場，治療の場であった．リゾート地の中でも，場所によっては海水浴や温泉治療，マッサージ，サウナ等の治療行為までバウチャーに含まれるリゾート（クロールトと呼ばれる）は，ソ連国民にとって大

6

きな楽しみと特権的地位を感じられる場所でもあった（アコマトベコワ 2015）．

　社会主義時代のソ連人研究者による主要な観光研究をみると，まず，統計局の経済学者で 1992 年からロシア文化省副大臣も務めた Azar は，1972 年に『ソ連の勤労者の休暇』を（Azar　1972），1980 年には著名な地理学者の Preobrajenskiy は Krivosheev と共著で『ソ連のレクリエーション・システムの地理』を執筆した（Preobrajenskiy and Krivosheev　1980）．『ソ連の勤労者の休暇』で取り上げられた休暇の種類は第 2 章 2 節で後述するように受動的休暇（パッシブ休暇 passivnyi otdyh）と自発的休暇（アクティブ休暇 aktivnyi otdyh）に大きく二分されており，受動的休暇はソ連労働組合中央評議会によって，自発的休暇はソ連労働組合観光・エクスカーション中央評議会によって，管理されたものである．次に，医者で転地療養学（クロールトロギー）を専門とする Kozlov の書籍があげられる（Kozlov　1983）．彼は第 2 章 2 節で後述するクロールト地区の施設配置や治療機器選択を研究し，その集大成として 1983 年に『ソ連のクロールト事業の成果』を出版した．その中で彼は，クロールトの配給制度や利用客等の社会的側面にも触れている．なお，彼は 1960 年以降，ソ連内のクロールトを総監するソ連労働組合中央評議会会長を務めた．これらの学術書は，各休暇に利用される施設を帝政時代からの増加率や収容規模，利用客の時期や属性等を指標に分析しており，ソ連政府の観光・保養行政の成果として執筆されたものだと言える．このように，ソ連時代の観光には勤労者とその家族の保健やひいては社会体制維持が担わされており，ソ連の研究者による観光研究は社会主義の計画経済下において，休暇施設の管理者やそれを含む行政部門の計画立案者を読者に想定したものだった．

　以上のようにソ連を中心とする社会主義時代の観光に関する研究は，政府・共産党が観光に与えた役割や機能を解釈した資本主義社会側の研究者によるものと，計画経済を前提にした施設立地や配分効率を分析した社会主義社会側の研究者によるものがある．いずれの研究も観光を俯瞰的に捉えたものにすぎず，旧社会主義国における個々人の経験や動機等ミクロな視点からの観光研究は皆無だと言える．

3　ソ連崩壊後の観光研究

　ソ連崩壊とその後の資本主義化は，観光を管理・配給されるものから，お金で買うものに劇的に変えることになった．観光は憧れや個人の趣味・興味に基づいて個人が選択・購入する消費対象に変容し，それとともに資本の論理が観光地に入りこんだ．例えば，社会主義化以前に上流階層の社交場であったチェコのカルローヴィ・ヴァーリィ温泉地の豪華なホテルやサナトリウムは，社会主義時代に国有化されて療養機能中心となっていたが，1989年のヴィロード革命後はドイツ資本やロシア資本も参入し，宿泊施設の整備が急激に進行した．また，パッケージツアー開発が進むなど市場経済に対応した経営戦略がなされている（呉羽　2004）．Hall（2004）によると，ポスト社会主義の国々では，バウチャー配給等で支援された（subcidized）国内観光および制限されたインバウンド・アウトバウンド観光が，自由化により，支援されない（unsubcidized）国内観光および制限されないインバウンド・アウトバウンド観光に変容した．

　一方，資本主義化以降のロシア人による観光研究の代表的なものとしてLysikova（2012）がある．ロシア人はソ連時代に比べると，頻繁に海外旅行へ行くようになっており，その理由は，食費やアトラクション代がすべて含まれるトルコやエジプトへのパッケージ旅行の方がロシア国内旅行よりも低廉で魅力的だからである．また，Lysikova（2012）のヴォルガ川クルーズ客への調査によると，ロシア人観光客は社会主義時代には職場を通して配給されたバウチャーに紐づくグループで観光していたが，現在では完全に個人の選択に基づく自主的な観光となったことが明らかにされている．このように現代ロシアでは，旅行先の選択や観光行動に観光客自身の経験やマス・メディア等が入り込む余地が大きい．さらに，インターネットをはじめとするグローバルコミュニケーションシステムが人々の意識と行動に影響を与え，それらによって与えられた価値・イメージを確認するような新しい観光動機が誕生している．その一方で社会主義時代を偲ぶノスタルジー観光も流行っているが，Lysikovaによるとこれらすべての観光消費で重要な役割を果たしているのは「他の人並みでいる」という大衆意識のステレオタイプであるという．つまり，有名人のマ

ネをする，流行に流されるなど観光は消費の象徴であり，海外旅行はヨガや気
功等の流行を生み出しその愛好者を再生産している．このように現代ロシアに
おいて大衆意識はマスツーリズムの原動力となっている．

　他方，ソ連時代には，給与が平均化されていたものの物資が満足になかった
ため，物欲や模倣欲はあっても観光は大衆意識というより特権意識に結び付く
ものだったと考えられる．なぜなら，ソ連時代に高品質な物（観光も含む）を
手に入れるためには仕事上の成果やコネ，権威が必要とされることも多く，物
やコネを持つことが特権的な意識を醸成していたからである．つまり，ソ連時
代において特別な旅行に行ける特権意識（権威やプレステージを含む）は権威
者自身による自己確認作業にも，労働者による労働の動機づけにもなっていた．
このような観光動機にあたる部分の，社会主義時代・資本主義時代の比較考察
が必要とされる．そうすることで，観光とその動機は私たちにとって普遍的な
ものなのか，社会主義社会，あるいは資本主義社会に特有なものなのかまで考
えていきたい．

4　体制転換前後の経済・社会研究

　社会主義と資本主義の二つの社会を経験したソ連や東ヨーロッパでは，経済
学や社会学等の分野で体制転換前後の比較研究がみられる．岩崎（2004）は，
経済政策と企業を対象とした体制転換前後の比較研究である．彼は，1992 年
にロシアで出版された『企業総監 92 年度／工業編』全 32 巻をもとに，中央ア
ジアの工業企業の所在地，活動部門，所属する企業グループ，サブグループ
（コンビナートや工場等）のカテゴリーを用いて統計分析した．分析結果とそ
の考察によって，社会主義的工業配置の最終的到達点として，中央アジア各国
の産業構造，企業集団の構成，地域的展開状況，所有形態および経営者集団の
民族構成等の実態を明らかにした．また，1991 年から 2000 年までの各国の統
計資料（Goskomstat，CISSTAT 等）と国際機関（IMF，EBRD，世界銀行等）
の統計資料，各国の法令附属資料に基づき，体制移行後の中央アジア諸国の政
府 - 企業間関係も解明した．

　岩崎（2004）によると，中央アジアの工業生産の構造的特徴は大きく二つの

柱にまとめられる.

　一つ目は，社会主義／資本主義の骨格となる計画経済／市場経済の仕組みである. 社会主義時代の最大の特徴は，5か年計画によって生産計画が立てられたことにある. 生産計画は工業管理機構に沿って，上からソ連閣僚会議・ゴスプラン→共和国閣僚会議・ゴスプラン→共和国工業諸省→部門連合管理局→各企業へ下された. ただし，部分的には中間管理組織である部門連合管理局を介して，生産単位を多元的・重層的に管理する形態も備え，工業配置等に係る意思決定プロセスはボトムアップ的な側面もあった. 為替リスクや関税障壁のない環境の中で実行された工業配置政策によって，行政区分を超越する広範囲な工業生産ネットワークが形成された. 例えば，ロシアとカザフスタンの間では，ウラル工業地域と，カラガンダの石炭および鉄鋼産業との間で相互依存的な分業体制が構築された. 工業企業の82%～96%は国有企業であり，そのほとんどは大型の生産単位で構成され，中小企業の層は薄かった.

　しかし，体制移行後，株式化やオークションによって企業が私有化・民営化された結果，キルギスやカザフスタンではソ連時代に存在した多くの工場やコンビナートが破産し，リストラ等が行なわれた. 民営化された企業自らが国内資本（国・民間銀行・融資機関），外国資本（国際金融機関）を通して生産資材や人材を確保している. ロシア等の企業による中央アジア企業の買収やグローバル製品の輸入等がなされているが，国主導の経済市場の仕組みの中では社会主義時代に形成されたソ連的な分業体制も維持されている. また，個人経営の中小企業も増加している.

　以上のように，社会主義時代においては計画経済の仕組みのもとで，観光がどのように個人や社会に供給されていたのか，また資本主義化後において市場経済の仕組みが浸透する中で，個人がいかにして観光を手に入れたのか，観光の内容がいかに変化したのか，社会主義時代の観光といかに接合しているかの究明が課題となる.

　二つ目は，政府‐企業間関係である. 中央アジア工業の経営者層を占めていたのは，中央アジアに古くから生活するチュルク系民族ではない，ロシア人，ウクライナ人等のスラブ系民族と，朝鮮系およびユダヤ人系民族であった. ソ連政府には民族を混合させる意図を持った移住政策もあり，ロシア語で高等教

育を受けた彼らを積極的に各国の首都へ送り込んだ．専門知識を有する彼らは
テクノクラートと呼ばれ，ノーメンクラツーラ[5]等特権階級への機会を持つ者た
ちであった．一方，中央アジア各国は原料や第一次加工品の供給地，ロシアは
加工・組立て地として位置付けられていたが，ある種の民族融和政策によって
中央アジアにも重工業や部品工場，軽工業（綿や羊毛等の紡績・織物），食品
工業（食肉・乳製品，酒・飲料水，缶詰，植物油）が配置された．例えば，キ
ルギスでは機械・金属加工業が重点的に配置された．このことから，ソ連政府
主導の下，計画経済に基づいて，工業配置政策は効率性と政治的要請との折衷
の上に成立し，工業部門の存在が辺境地の民族間融和や社会安定に一定の役割
を果たしていた．観光においても，計画経済の下，ソ連政府がどのような意図
をもって観光を供給していたのか，工業配置のような政治的思惑や社会安定へ
の役割等の解明が課題となる．

　体制転換後は，民営化の進むカザフスタンでは，政府主導の特定の企業家集
団を緊密に結びつけるインフォーマルな利害調整のメカニズムも作動し，本来
的な企業間競争が阻害されている．一方，国営企業がいまだ大多数を占めるウ
ズベキスタンやトルクメニスタンでは，中央主権的な経済調整メカニズムが制
度化され，産業界に対する政府の強大な支配力が維持されている．キルギスで
も，新たな政府‐企業間関係は，国家資産ファンドとその他の政府機関の諸
権限が交錯しており，社会主義時代の国家依存体質を引きずっている．この理
由に，政府官僚と企業経営者との間の温情主義や縁故的関係が挙げられる．例
えば，輸入品との競争や，原料価格の高騰等から，業績不振に陥った軽工業お
よび食品工業を救済する措置として，政府は1995年に農産物原料の買い付け
のために1億ソムを国庫から出納し，軽工業の累積財務を国家財務へ付け替え

5　ノーメンクラツーラ（nomenklatura 任命職名表）とは，共産党・ソビエト等の上級機関によって
　承認される一連の任命職の公式リスト，または特権階層を指す（研究社露和辞典　1988）．ノー
　メンクラツーラには共産党書記局，政治局や各省大臣や大使，工場社長，ソフホーズ・コルホーズ
　社長等が入っていた（ヴォスレンスキー　1981：1988）．全ソ連でその一覧表にリストアップされ
　た者は75万人であり，家族を含むと300万人であった．彼らは特権階層としてソ連民の平均給料
　より8倍の給料や年金等を手に入れた（ibid）．観光に関しても，海外旅行の他に，国内では立地
　の良い無料の高級ダーチャやノーメンクラツーラ専用のパンシオナットやクロールトが存在し，
　時期を問わず1か月程度の休暇が可能であった．例えば，キルギスのイシック・クル湖畔の高級
　クロールトオーロラはノーメンクラツーラ階層専用のものであり，他の階層の人は立ち入り禁止
　であった．つまり，ノーメンクラツーラ階層なら観光も容易であった．

るなどの企業支援策を実行した．このように，キルギスにおいて企業は国家に
大きく依存している．しかし，資本主義化後のキルギス国民の観光については，
国や権力者による積極的な関与はほとんど見られない．むしろ，市場経済に振
り回される個人，市場経済を活用する個人による観光の入手や内容の変化に注
目する必要がある．

　次に，石川（2009）の『体制転換の社会学的研究』は，体制転換期の社会組
織や個人の動向を研究したものとしておおいに参考になる．石川は，中欧にお
ける旧社会主義国の社会主義時代および体制転換期の企業と労働を，企業内労
使関係の分析を通して明らかにした．具体的には，ハンガリー，ポーランド，
チェコスロバキアの企業経営者と労働者へのアンケート調査とインタビュー調
査をもとにして，企業経営に関わる制度と組織，職場上司と労働組合の利害代
表機能，労働者による企業と組合への帰属意識を分析し，市場経済への企業と
労働者の適応過程を解明した．

　石川（2009）の研究は観光者による資本主義社会への適応を解明する本研究
とも共通する部分が多い．石川（2009）で採用された経営者と労働者へのアン
ケート調査とインタビュー調査は，本研究では観光者のライフヒストリー調査
に相当する．また，分析項目には以下のような3つの関係がある．

　石川（2009）が分析対象とした企業内組織とは，社会主義時代には共産党の
強い影響下にあった従業員評議会等であり，資本主義化後には新たに作られた
株主総会や取締役会等である．なぜなら企業運営の制度・仕組みが大きく変
わったためである．これを本研究に当てはめると，バウチャー制等の政府主導
の観光から，個人の意思で観光を選択・購入するようになった制度・仕組みの
変化と対応する．そのため，計画経済下で政府主導の観光がどのような意図で
いかにして生み出され，人々はどのように観光を得ていたのか，また資本主義
化後の市場経済の中で個人はどのように観光を得ているのかを，ライフヒスト
リーの中から見つけ出す．

　石川（2009）の研究で強調された労働組合の特質は，単なる福利厚生や雇用
確保の役割ではなく，体制転換過程において賃金や待遇・雇用・解雇の労働条
件の調整役を果たしたことにある．このような労働組合の役割を本研究に当て
はめると，資本主義化する社会の荒波に協同して立ち向かえるような人間関係

がこの役割に該当する．なぜなら，社会主義時代に重視された職場での人間関係が，体制転換期には個人個人が相互に助け合える家族や親類，友人間の関係に徐々に吸収され移行していったからである．特にキルギスでは 2005 年のバウチャー旅行の大規模廃止によりこの傾向が顕著になった．そこで本研究では，個々人の観光に結び付く人間関係とその変化を，ライフヒストリー調査を通して探っていく．

石川（2009）で分析された企業や労働組合への帰属意識は，本研究では国・地方や職場への帰属意識に相当する．なぜなら，社会主義時代には労働の対価として国・地方や職場（企業・機関と労働組合）から観光の機会が与えられたからである．このように真面目に働けば定額の報酬に加えて観光が与えられたため，組織への帰属意識は観光の原動力の一つだったとも言える．1991 年のソ連崩壊後もこのような状態が継続したが徐々に薄れ，キルギスでは 2005 年のバウチャー旅行の大規模廃止に伴い職場への帰属意識は喪失し，代わって資本主義の特徴としての個人の主体性や選択，行動が尊重されるようになる．このような社会主義時代の組織への強い帰属意識から個人主義への転換が観光にどんな影響を与えたのかを個人の経験から読み解く．

一方，中央アジアには，古くから人々の安全と生活を守ってきたマハッラと呼ばれるコミュニティレベルの制度が存在する．いわば「ご近所」コミュニティであるマハッラは，衝撃的な体制転換や改革がもたらすショックを和らげる可能性を秘めていた．ダダバエフ（2006）によると，ソ連政府はマハッラを重視しなかったが，資本主義化後のウズベキスタン政府は人々の福祉と生活水準をソ連時代ほどには確保できていない状況を補填するため，マハッラを自治の下部組織として制度化した．マハッラ単位の，日常生活における問題を住民たち自身の力で解決できる方法として，貧困住民への援助，警備，清掃・メンテナンス，経済活動の活性化がある．吉田（2004）もキルギスの部族コミュニティ内の相互援助が資本主義化後の住民生活に大きく貢献していることを明らかにした．そのため，資本主義化後の観光においても，ソ連時代主に集団で行われた職場関係でのピクニックや祭りは，家族への旅行援助，トイ・アッシュ（Toi Ash）と呼ばれる友人・親戚・部族内の会合を通じて盛んに行われるようになっており，社会主義時代の職場単位の管理・関係から個人や近隣コミュ

ニティ単位の人間関係への変化に注目する必要がある.

第 2 節 ｜ 研究目的と対象地域

1　研究目的

　以上を踏まえ，本研究はキルギスにおいて社会体制転換に伴う観光の変容を明らかにすることを目的とする. この目的を果たすために，本研究は社会主義と資本主義の二つの時代を生きた人々の観光実践に注目する. また，その体制転換における観光の変容に，社会主義化以前の移牧社会としてのキルギスの習慣も関わっているため，その時代の観光の内容についても補足する. 帝政時代までのキルギスは部族を生活集団単位とした移牧社会であり，現代よりも広範な移動範囲をもっていた. しかし，社会主義化後その移牧社会が固定化・定住化され，住民はソ連内の他国と同じように近代的な観光を享受するようになった. それが資本主義化後，再び移牧社会がコミュニティや民族としてのアイデンティティ，観光対象等の点で見直されるようになっている.

　社会体制転換に伴う観光の変容を明らかにするため，本研究はポスト社会主義国の中でも枢要な地位を占めるロシアや東ヨーロッパではなく，中央アジアのキルギスの社会を取り上げる. 本研究でキルギスを研究対象とすることで，観光現象を通してさまざまな事象を解明することができる. ソ連社会に広く共通していた観光の役割に加えて，旧来の制度や習慣が抑圧されたソ連辺境の少数民族にとっての観光の位置づけも解明できる. また，ソ連の抑圧から解放され経済的に不安定な中で求心力となっているキルギスの民族性と観光との関わりから，資本主義化後の少数民族社会における観光の社会的役割も解明することができる. このように本研究が解明できるのは，社会主義から資本主義の社会比較であり，少数民族社会の社会主義と資本主義への適応と再編である.

　また，キルギス社会を研究することは，ソ連の盟主ロシアを旧社会主義国の代表のようにとらえ，ロシア中心に考えがちな一般的傾向を見直す意味もあり，さらには多様な旧社会主義国の実態に迫ることにもなる. なお，ソ連の盟主で

あったロシアはアメリカやヨーロッパと対立してきた歴史を持つため，ロシア国民には資本主義社会に対するバイアスがかかっており，彼らは資本主義が生み出す文化や価値観を客観的に見たり，素直に受け入れたりすることができないと言える．しかし，キルギスは帝政期以降ロシアに支配されてきたもののロシアと国境を接しないため，ロシアに対しても欧米資本主義国に対しても，キルギスの人々は比較的客観的な立場で思考し，行動することができる．以下でキルギスの歴史的な背景を詳しく見る．

2　キルギスの歴史的背景と社会慣行

　キルギスの国土の大部分を占めるテンシャン山脈は東西に走る数列の褶曲山脈の集合体であり，北部の 5,000m 級の山々から南部の中国との国境に位置する 7,000m 級の山脈に向かって徐々に高くなる．キルギスの北方には広大なカザフ草原が広がり，この草原とテンシャン山脈との間で移牧が行なわれてきた（Rychkov　1772；Bartoldt　1897；1927；1996；岩田ほか　2008）．首都のビシュケクもカザフ草原とテンシャン山脈の接点に位置し，その市街地は標高 800m〜1,200m にかけて広がる．さらに，キルギスには 1,923 個所の湖が存在し，総表面積は 6,836km²である．中でもイシック・クル湖は標高 1,609m，水深 702m で，テンシャン山脈に囲まれた清浄な水質を保つ湖としてソ連時代から人気のリゾート地である（秋吉　2012）．以上のような自然資源をもつキルギスはソ連時代に黒海沿岸に次ぐ国家レベルの観光レクリエーション地であった（Eckford　1997）．

　キルギスはさまざまな社会体制を経験した国である．14〜15 世紀にアルタイ地方のエニセイ川上流域で暮らしていたキルギス遊牧民が 16 世紀末に現在のキルギス共和国の土地に住むようになった．彼らは 18 世紀には中国清朝の支配下に，19 世紀に入ると今のウズベキスタンのコーカンドを都としたチュルクイスラム王朝コーカンド・ハーン国の支配下に入った（Abramzon 1990）．しかし，コーカンド・ハーン国の圧政に耐えかね，ロシアへの援助を求め，1865 年には北キルギジアがロシア帝国に併合され，19 世紀末には現キルギス国土の全域がロシア帝国の支配下に置かれることとなった．1917 年の

ロシア革命を経て，70 年以上にわたるソ連時代を経験した．

a）社会主義化政策と民族間格差

　カザフスタンやウズベキスタン等の中央アジア諸国も，ロシア帝国の植民地になり，後にはソ連政府による社会主義化政策が共通して施行された．例えば，すでに述べたようにソ連政府により民族を混交させる意図をもった移住政策が実施された結果，中央アジアでは古くから定住するキルギス人，ウズベク人，カザフ人等のチュルク系民族に加え，非土着系民族（ロシア人，ウクライナ人等のスラブ系民族と，朝鮮系およびユダヤ系民族）が多く住むようになった（岩崎　2004）．これらの非土着系民族がキルギスの人口の約 40% を占め，工場労働者だけでなく行政，教育，医療，軍事等の機関の要職に従事した．ロシア語での高等教育を受けた彼らは積極的に各国首都をはじめとする大都市へ送り込まれ，専門知識を有することからテクノクラートと呼ばれ，ノーメンクラツーラ等特権階級への上昇の機会を持つ者たちであった．つまり，土着系民族であったキルギス人よりロシア人をはじめとする非土着系民族が優遇されたのである．これは他の中央アジアの地域とほぼ同様である．なお，非土着系民族の多くは 1995 年頃から高齢者を残しロシアに移住した．しかし，ソ連崩壊以降ロシア語が公用語から外された中央アジアの他の国々とは異なり，キルギスでは民族間の意思疎通には，いまだに公用語ともなっているロシア語が使われる．

　上記のように，ソ連時代，キルギスに住むロシア人の多くはいわばエリートであり，大都市に住むキルギス人の一部もこれに準じ，農村や山間部に住むキルギス人よりも観光を享受していたと考えられる．観光を享受する彼らは羨望のまなざしを持たれていたと考えられる．そこで，ソ連時代におけるキルギス人の観光への欲求はどのようなものであったのか，キルギス人の観光の動機は制度によるものなのか，あるいは，個人や近隣コミュニティ単位の人間関係によるものであったのかという部分も考えたい．

b）家父長制的社会と相互扶助

　キルギスの歴史的背景の中で特徴的なのは，かつてチュルク系の家父長制的

な封建社会であった遊牧・移牧民が，集団化・定住化によって直接社会主義に移行し（Abramzon 1990），その後資本主義に移行したことである．一方，ロシアは封建社会から産業革命，資本主義を経て社会主義へ移行した社会である．第2章でも後述するように，ロシアはピョートル大帝によりヨーロッパへの観光経験が取り入れられ，帝政期に登山をはじめとする観光が発展し，後にトーマスクックのシステムを参考にした旅行会社まで誕生した．つまり，観光の面でもロシアは産業革命や資本主義を経て社会主義へ移行した．キルギスの観光を考える場合，以上のような歴史的背景を忘れてはならない．すなわちキルギスには社会主義時代にロシアから近代的な観光のシステムが移入されたのであり，したがって伝統的民族習慣にはドラスティックな変化がみられたのである．

しかし，吉田（2004）によれば，キルギスでは，ウルックという父系出自アイデンティティの共有に基づく親族的分節化が社会主義体制でも変わらず行われ，現在もなお葬式の分担金の出し合いからからなる相互扶助が続けられている．このような相互扶助が中央アジアのウズベキスタンでも行われていることについてダダバエフ（2006）や，Koroteeva and Makarova（1998）が相互扶助に欠かせない贈り物の種類等を詳しく研究している．これらから，中央アジアでは慣習としての相互扶助が行われていることが理解できるが，中でも大倉（2013a；2013b）のキルギスの地域コミュニティが社会のセーフティ・ネットとして価値があるという主張は，キルギス人の観光に関しても言える．なぜなら，キルギス人の観光経験を見てみると，家族や親族により観光の実施が可能となったケースが多いためであり，その理由としては先述した家父長制的社会や相互扶助が関係していると推測される．

3 「観光」か，「Tourism」か

日本では「観光」という言葉は易経や春秋左氏伝等の古典に由来して古くから使われてきた（上田 2008）．その後，「ツーリズム」という言葉がヨーロッパから移入されるとともに，その訳語として「観光」が当てられたが，明治時代から昭和初期にかけての観光の定義は国威の見聞や国際的な挙行など流動的

であったと考えられる（中村 2006）．ヨーロッパと日本はそれぞれ独自の発展を遂げてきたことから，「ツーリズム（Tourism）」と「観光」が示す言葉の意味も異なると言える．キルギスにおいては，ヨーロッパ的な Tourism（ロシア語でも Turizm と表記）が導入される以前にも後述の伝統的な観光が存在したが，ヨーロッパ的な Tourism に影響を受けた独特の観光がソ連政府によって導入された．このように，キルギスにおける観光は歴史的に大きく変化してきた．そのためヨーロッパ由来の概念に引きずられる Tourism ではなく，日本語の「観光」の言葉を使用する．

　キルギス語に Turizm が導入されたのは帝政ロシアに併合されてからであるが，観光に類する行為はそれ以前にもあった．それは伝統的なものであり，「Atan barda el taany, atyn barda jer taany 父が生きている間他の人々を知れ，馬が生きている間は他の場所を探検せよ」とのキルギス人に代々伝えられてきた諺（Karasaev 1998）があるように，キルギス人のもともとの観光に類する行為は馬に乗って他の人々を知ったり，他の地域を探検したりすることであった．以上の観光に言葉を当てるとき「土地をまわる（Jer kydyruu），人々をまわる（el kydyruu）」が使用された．また，テンシャン山脈の山中や山麓部には雪解け水が散在し，キルギス人は湧水地を石で囲んで入浴するだけでなく，その場所で羊を食べたりした（Ashmarin 1934）．ほかにも，自然信仰の一種であるゾロアスター教（Zoroastrizm）の影響も受けたキルギス人は温泉を含む山と木，湖だけでなく，その大多数の湧水地を聖地として扱い，健康や子宝，富や権力の獲得を祈願する場所としても使用した（Aigine 2009）．なお，キルギスのもともとの信仰は天を敬うことであった（ibid）.

　ロシア語においても「Turizm」という言葉が使われるが，それは19世紀末にヨーロッパからもたらされた外来語である（Doljenko and Savenkova 2011）．帝政時代を通して「観光はスポーツである（Turizm-eto sport）」という概念で語られ，同様にソ連時代でも「Turizm」は登山（Alpinizm）やスキー観光（Lyjnyi Turizm），セーリング観光（Parusnyi turizm）の自発的なものに限定して使われた（Azar 1972；Preobrajenskiy and Krivosheev 1980；Doljenko 1988）．そのため，ソ連時代の海外旅行や国内旅行には，旅や旅行（Poezdka, Puteshestvie），エクスカーション（Ekskursiya）等の言葉が使わ

れ，温泉クロールトに行くこと等は「治療（ロシア語 Lechenie；キルギス語 Daaryloo）に行く」とか，「休暇（ロシア語 Otdyh；キルギス語 Es aluu）をする」という言葉が使われた（Azar　1972；Preobrajenskiy and Krivosheev 1980；Doljenko and Savenkova　2011）．

　以上のようなロシア語の観光の概念が帝政時代のまま固定された背景には，旅行や保養の機会がソ連政府によって管理・供給され，多くの人々がそれらを受動的に受け取ってきた一面があったためだと考えられる．キルギスでも社会主義時代に入ってロシア語の観光概念が移入された．その後，ソ連社会は独自に進化したため，観光が意味するものも，人々が観光に与える意味づけも，他の欧米諸国，特に資本主義圏とでは大きく異なってしまったと考えられる．さらにソ連崩壊以降のキルギスの観光も大きく変化しつつある．このように日本語で Tourism に相当する意味として用いられる「観光」は，地域や時代によってその意味するものが異なる．そこで本研究では，キルギスの伝統的な観光，社会主義時代ソ連から移入された観光（Turizm），その後の資本主義社会での観光がそれぞれ社会的にどのように意味づけされてきたのか，人々が観光にどういう意味づけを与えようとしてきたのかを考えていく．

　観光には，広義には旅行業や運輸業等の供給側も含まれ，需要側にも日常の余暇活動が含まれるが，本研究では需要側の人々が実際に行う実践や経験に絞って，それも一時的滞在や移動を伴うものに絞って分析する．なぜなら，上述のように社会主義イデオロギー下の管理社会と資本主義下の選択を個人に自由に委ねられた社会とでは観光の概念も大きく異なると考えられるためであり，また個々人が観光をいかにして受け取り実践してきたか，どのような気持ちで受け止めたか，などの個人レベルでの観光経験についての研究はほぼ皆無であるためである．

　筆者が収集したソ連時代を経験した人々の生の声によると「ソ連時代の方がたくさん旅行ができた」，「切符をいつでも買えてソ連中どこにでも行けた」，「今（資本主義化以降）は観光するどころか日常の暮らしをやっとできているところだ」というように，ソ連時代の方が現在に比べて頻繁に観光ができたとソ連時代を懐かしむ声が確認できる．しかし，ダダバエフ（2010）がソ連の人々の暮らしを描いた『記憶の中のソ連 - 中央アジアの人々の生きた社会主

義時代 - 』で明らかにしたように，社会主義時代を経験した人々の証言はそのまま「真実」として扱うのは難しく，むしろ時代とさまざまな状況によって変化する「解釈」として扱った方が適切である．その場合には証言の背景等の分析が必要になる．この点も考慮しながら社会主義時代と資本主義化以降の両時代の経験者であるキルギス国民の観光経験を材料に，社会体制転換に伴う観光の変容に注目する価値はあると考える．

4　資本主義化後のキルギスの観光研究

　1991年にキルギスは独立したものの，隣国のカザフスタンやウズベキスタンと比較して，外貨獲得に貢献する天然資源と商品市場がなかったため，キルギス政府は経済政策の一環として観光の推進を図った．「キルギスはアジアのスイス」というスローガンを掲げ，外国資本の導入を目指し，64か国にビザなしでの観光目的の入国を認めるとともに，ソ連時代に下火になっていたキルギスの遊牧・移牧の伝統を活用した草原観光や，ソ連時代に外国人が立ち入り禁止であったイシック・クル湖周辺の土地の民営化や開発等を行なってきた（Hoferほか　2002）．資本主義化以降のこのような観光推進政策の土台にはソ連時代に創造されたキルギスの観光レクリエーションがあったという（Palmer 2007）．キルギスのツアーオペレーターや文化遺産の関係機関，NGO，キルギス在住のキルギス人以外の少数民族にインタビューを行ったPalmer（2007）は，独立以降誕生した国家観光委員会がツアーオペレーターへの経済的支援や，外国人誘致活動を行っていないことを指摘している．また，ツアーオペレーターがキルギス人以外の民族を考慮せず，キルギス人の文化や伝統だけを外国人に紹介している現状を批判し，キルギスに住む他の少数民族の文化も平等に扱い，観光プロモーションをすることがキルギス観光における国家アイデンティティにつながると主張した．

　また，インバウンドツーリズムにおいては，資本主義化後のキルギスは他の中央アジアの国々と区別された観光イメージを有していないことや（Schofield 2004；Palmer　2006；Palmer　2007；Palmer　2009；Kantarci　2006；Kantarci　2007a；Kantarci 2007b；Thompson　2004），社会体制転換に伴う

観光訓練機関の未整備が主張されてきた（Baum 2007）．Schofield（2004）は，資本主義化以降のキルギスではヘルス＆レクリエーションツーリズム（health and recreational tourism），シルクロード遺産に基づく文化ツーリズム（cultural tourism），アドベンチャーツーリズム（adventure tourism），登山（mountaineering），生態ツーリズム（ecological tourism）が実践されてきたため，外国人観光者は主に山や湖等の自然資源に注目しているが，キルギス独自の文化であり，アイデンティティを顕著に表すマナス叙事詩を観光戦略に活かす必要があると主張している．キルギスは北部と南部，そして部族間の対立が存在するため，イスラム教が広く浸透している南部が北部出身大統領による西側諸国への観光プロモーションや政策の妨げになっているとも指摘されている（Schofield 2011）．

　一方，キルギスにおける国内観光やキルギス人によるアウトバウンド観光に関しても，資本主義化以降国内・海外旅行を扱う観光会社が増加し，市場経済化が進んでいる．しかし，経済力の問題（渡辺 2001；森 2008a，2008b）や国境問題（Kantarci ほか 2015），他国による発展途上国としての認識ゆえに，キルギス国民はアメリカや西ヨーロッパ等への観光ビザの取得が困難な状況にある．

第 3 節 研究の方法と枠組み

　本研究が目的とする課題を明らかにするために，本研究はキルギスにおける社会主義から資本主義への社会体制転換という状況を中心に扱う．また，その体制転換における観光の変容に，社会主義以前の遊牧社会としてのキルギスの観光も関わっていることが認められるため，その時代の観光の内容についても補足的に取り扱う．同じ社会主義体制下の社会の中でもかつて遊牧社会だったキルギスは自分の意思での自由な移動を前提とした，他人との交流や他地域への自由な旅が重要性を持つ社会であった．しかし，社会主義化後その遊牧社会が固定化・定住化され，自由な移動が制限され，ソ連の他の国と同じように近代的な観光を享受するようになった．それが資本主義化後，再び自由な観光が

導入され，社会における観光の位置付けに特徴がみられる．

1　本研究の構成と分析視点

　キルギスはロシア帝国による併合，ロシア革命とその後のソ連時代，ソ連崩壊による資本主義化というように，大きな社会変動にたびたび見舞われた．そのためキルギスでは観光それ自体や観光に与えられる意味も変貌してきたと考えられる．そこで第 2 章では，先行研究に依拠しながらキルギスにおける観光を帝政時代，ソ連時代，そして資本主義化以降の 3 期に分けて整理する．

　その上で，社会体制転換による観光の変容を個人の観光実践に着目して明らかにするためには，まず社会階層間の移動と観光との関係を見る必要がある．前述のようにソ連時代には，給与の平均化と同じく建前では観光の配給も均等化されていたが，現実には権威やコネに起因する格差がみられた．そして資本主義化後には，社会階層の変動を伴いながら観光の享受の点でも格差が広がった．そこで第 3 章では，87 人のキルギス国民にインタビュー調査を行い，ソ連時代と資本主義化以降それぞれの社会階層と階層ごとの観光経験を分析する．なお，ソ連時代については，国民の生活が安定し，観光が多かったと推測される 1977〜82 年の黄金時代（ダダバエフ　2010）を対象とした．

　第 4 章では，まず，第 3 章の結果をもとに，社会階層間の移動と観光との組合せを指標にキルギス国民を類型化する．この各類型の中からライフヒストリー調査に最適な対象者を 1 人ずつ選択する．社会階層間の移動類型の代表者としてソ連時代経験者のキルギス国民（本研究の No1. インタビュー対象者である A 氏：1952 年生まれキルギス人男性，医者・年金受給者；本研究の No2. インタビュー対象者である B 氏：1951 年生まれキルギス人男性，化学会社・金融会社経営者；本研究の No3. インタビュー対象者である C 氏：1956 年生まれキルギス人男性，農民・年金受給者）のライフヒストリーを通して，社会主義時代の観光経験と資本主義化以降の著しい格差によって変わった観光経験とを，個人の生活に根差したものとして分析する．この資料とその分析方法については次項以降で詳述する．

　第 5 章では，第 4 章のライフヒストリー分析結果を通して，主として以下の

表1-1　本研究の分析視点

	個人レベル	国・社会レベル
制度・仕組み・制約	計画経済／市場経済の中で個人がどのように観光を得てきた／得ているのか. 両時代で観光の内容はいかに変化・接合しているか	ソ連政府主導の観光がどのような意図で, どのように生み出されていたのか. 資本主義化後どのようになったのか
観光の動機	組織への帰属意識から個人主義への転換は観光の動機にどのような影響を与えているのか	労働の対価としての観光から, メディアによる流行創出や大衆消費への転換によって観光動機はいかに変わったか
観光の社会的機能	人間関係が職場中心から家族・友人・部族等に転換する中で, 観光が個人の人間関係の構築にいかに関わっているのか	観光がどのように社会安定の役割(調整・互助)を果たしてきたのか
観光に付与された意味	社会体制転換に伴いキルギスの個人は観光にどのような認識を抱いていたか, どのような意味を付与してきたか	帝政時代に制度的にヨーロッパから導入された観光は資本導入以降の現在までキルギスでどのように定着・変容し, 国・社会はどのような意味を付与してきたか

岩崎 (2004);ダダバエフ (2006);石川 (2009);Lysikova (2012) をもとに筆者作成

4点を明らかにする（表1-1）.

　まず1点目は, 計画経済／市場経済の中で個人がどのように観光を得てきたのか／得ているのかであり, これによって国・社会レベルではソ連政府主導の観光がどのように生み出されていたのか, それが資本主義化以降どうなったのか, 両時代で観光の内容はいかに変化・接合しているか, という観光に関わる制度・仕組み・制約を明らかにする.

　2点目は, 観光の動機であり, 個人レベルでは組織への帰属意識から個人主義への転換が観光の動機にどのような影響を与えたのか, 国・社会レベルでは労働の対価としての観光から, メディアによる流行創出や大衆消費への転換によって観光動機はいかに変わったかを明らかにする.

　3点目は観光の社会的機能であり, 個人レベルでは人間関係が職場を中心と

するものから家族・友人・部族を中心とするものに転換する中で，個人の人間関係がいかに観光に結び付いたのか，国・社会レベルでは観光がどのように社会的安定の確保の役割（調整・互助）を果たしてきたのかを明らかにする.

　そして4点目は個人や社会が観光にどのような意味を付与してきたかである．帝政時代に制度的にヨーロッパから導入された観光が社会主義体制を経て現在まで中央アジアのキルギスでどのように定着・変容したのかを，個人や社会が観光に対して抱いていた認識や，観光に与えた意味を考察することで明らかにする.

　4点のうち前3点は第1章1節4項で述べた岩崎（2004）と，特に石川（2009）の体制転換期社会の分析視角とも対応する．なぜなら，これらの研究も本研究も，体制転換期において，ある一定の人間集団が社会システムや政治権力等から影響を受けて，行動や価値観を変えていく様子を解明するという点で共通するからである．しかし，本研究は観光の消費者に焦点を当てるため，彼らが観光に対して抱いていた認識や観光に与えた意味を4点目の分析視角とする.

2　分析資料

　本研究で分析する1次資料は以下の通りである．第3章で用いた資料は，2013年8月，2014年8月，2014年10月にキルギスの3個所の温泉クロールト・湖畔リゾートで実施したインタビュー調査から得られたものである．3個所とは，①1891年に帝政ロシア政府によって開設され，ソ連時代には労働組合管理の温泉クロールト施設となったイシック・アタ（首都ビシュケクから60km，写真3-1），②1979年開設の共産党幹部専用温泉クロールト施設であるオーロラ（イシック・クル湖畔，写真3-2），③2006年開設の富裕層向けカルヴェン湖畔別荘地（イシック・クル湖畔，写真3-3）であり，3回のインタビューで合計87人の利用者（全てキルギス国民）にインタビュー調査を行った．この87人全員がソ連時代を経験し，その記憶を有する者である．そして彼らの社会主義時代と資本主義時代の職業，学歴，民族，移住地を比較することで社会階層間の移動を把握するとともに，それぞれの時代に彼らが実施した

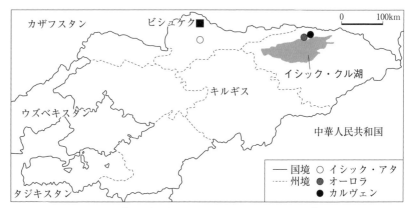

図1-1　インタビューを実施した温泉クロールト・湖畔リゾートの位置

観光を複数回答で調査した.

　第4章で用いる資料は，上記のインタビュー対象者の中から抽出した，ソ連時代を経験した3氏（A氏，B氏，C氏）のライフヒストリーである．調査場所は3人の自宅と職場であり，調査期間は2014年8月，2014年10月，2016年5月～8月，2017年6月～8月である．具体的に，A氏に対しては2014年8月にイシック・アタ温泉クロールト，首都ビシュケクの自宅および職場でのインタビュー調査に加え，2016年7月の草原観光と8月のイシック・クル湖観光に同行した．B氏には2014年8月にカルヴェン別荘地と首都ビシュケクの職場でのインタビュー調査のほかに，2016年5月と6月のハンティング同年8月の乗馬ツアーで同行調査を行った．そして，C氏には2014年8月にイシック・アタ温泉クロールトでのインタビュー調査に加え，2016年7月にF州B村の自宅および草原観光の同行調査を行った．このほかに，スカイプやWatsapp等を用いて3人に対して遠隔のインタビュー調査を行った．また，これら3人のライフヒストリーを補足・補正するために，上記87人へのインタビューと，ソ連時代にキルギスの観光連盟協会会長，工場の部門長，大学教授，コルホーズ労働者，店員であった5人にもライフヒストリー調査を行った．ライフヒストリー調査対象の調査期間は彼らの誕生から2018年までである．

表 1-2　インタビューと回答者の概要

単位：人

実施場所	実施期間と人数	民族構成	男女別	年齢別	在住情報	合計
1891 年開設, イシック・アタ温泉クロールト	2013 年：8 2014 年：15	キ：21 ロ：2	男：12 女：11	50 代：1 60 代：18 70 代：4	首都：17 地方：6	23
1979 年 開 設,オーロラ湖畔高級クロールト	2013 年：14 2014 年：43	キ：42 ロ：13 カ：2	男：23 女：34	30 代：5 40 代：5 50 代：9 60 代：27 70 代：11	首都：50 地方：7	57
2006 年開設の富裕層向けカルヴェン湖畔別荘地	2013 年：1 2014 年：6	キ：4 ロ：2 カ：1	男：5 女：2	50 代：6 60 代：1	首都：7	7

インタビューにより筆者作成

注：「キ」はキルギス人,「ロ」はロシア人,「カ」はカザフ人を指す.

3　インタビュー方法と内容

　キルギス国民に対する調査の対象者 87 人は 2013 年～2016 年の調査時点で 30 代が 5 人, 40 代が 6 人, 50 代が 15 人, 60 代が 46 人, 70 代が 15 人であり, いずれもソ連時代を経験している. そしてインタビュー対象者の民族構成および在住状況は表 1-2 で示しているように, 首都ビシュケク在住が調査対象者 87 人中 73 人であり, ビシュケク在住者のうちキルギス人が 56 人, ロシア人が 14 人, そしてカザフ人が 3 人である. また, 地方在住者が 87 人中 14 人であり, その内キルギス人が 11 人で, ロシア人が 3 人である（表 1-2）.

　以下の表 1-3 で示したキルギス国民 87 人にインタビュー形式で本音を聞き出すことを試みた. しかし, ダダバエフ（2010）も指摘したように中央アジアでは本音を聞き出すことは容易なことではなかった. もちろんウズベキスタンと異なり, キルギスは資本主義導入以降比較的発言の自由が保障され, 政治的な圧力がないが, 自分たちにとって恥になるようなことを言わない, 自分たちの人生を美化してしまうという中央アジア特有のメンタリティが確認された. そこで, 筆者は以上で述べた 3 個所の温泉クロールト施設と湖畔別荘地に滞在し, 彼らと何回も会い, 親しくなってからインタビューを実施した.

表1-3 キルギス共和国3カ所の温泉クロールトおよび湖畔別荘地にて実施したインタビュー対象者の属性

対象者の属性

No.	性別	年齢	民族	居住地	職業（現在）	実施場所	実施年	月収（US$）
1	男	64	キルギス	ビシュケク	医者・年金受給者	イシック・アタ	2013	500 未満
2	男	65	キルギス	ビシュケク	化学会社・金融会社経営者	カルヴェン	2014	3000 以上
3	男	60	キルギス	ビシュケク	年金受給者・農民	イシック・アタ	2014	500 未満
4	男	59	キルギス	ビシュケク	公務員	カルヴェン	2013	500〜3000 迄
5	男	76	ロシア	ビシュケク	年金受給者	オーロラ	2013	500 未満
6	男	74	ロシア	ビシュケク	年金受給者	オーロラ	2013	500 未満
7	女	66	ロシア	ビシュケク	年金受給者	オーロラ	2013	500 未満
8	女	63	ロシア	ビシュケク	年金受給者	オーロラ	2013	500 未満
9	女	75	キルギス	コチュコル	農民・牧畜	イシック・アタ	2013	500 未満
10	女	41	ロシア	ビシュケク	市議員・貿易ビジネス	オーロラ	2014	3000 以上
11	男	74	キルギス	ビシュケク	大学の先生	イシック・アタ	2013	500 未満
12	女	52	キルギス	ビシュケク	医療クリニック経営者	カルヴェン	2014	3000 以上
13	女	67	キルギス	アト・バシ	年金受給者	イシック・アタ	2014	500 未満
14	女	63	キルギス	ビシュケク	年金受給者	イシック・アタ	2013	500 未満
15	女	59	キルギス	ビシュケク	バザールビジネス経営者	オーロラ	2014	500〜3000 迄
16	女	71	キルギス	ビシュケク	年金受給者	オーロラ	2014	500 未満
17	男	61	キルギス	ビシュケク	タクシー運転手	イシック・アタ	2013	500 未満
18	女	61	キルギス	ビシュケク	バザールビジネス経営者	オーロラ	2014	500〜3000 迄
19	女	35	ロシア	ビシュケク	公務員	オーロラ	2014	500〜3000 迄
20	女	32	キルギス	ビシュケク	国際機関部長	オーロラ	2014	500〜3000 迄
21	男	38	キルギス	ビシュケク	衛星テレビ局スタッフ	オーロラ	2014	500 未満
22	男	33	キルギス	ビシュケク	観光会社経営者	オーロラ	2014	3000 以上
23	男	34	ロシア	ビシュケク	ミクロ金融会社副社長	オーロラ	2013	500〜3000 迄
24	男	50	ロシア	イシック・クル	エンジニア	オーロラ	2013	500 未満
25	男	55	キルギス	ビシュケク	建築ビジネス	オーロラ	2013	500 未満
26	男	65	キルギス	ビシュケク	年金受給者	イシック・アタ	2013	500 未満
27	男	56	キルギス	コチュコル	学校の先生	イシック・アタ	2013	500 未満
28	女	76	キルギス	イシック・クル	年金受給者	オーロラ	2014	500 未満
29	男	47	キルギス	ビシュケク	銀行経営者	オーロラ	2014	3000 以上
30	男	76	ロシア	イシック・クル	年金受給者	オーロラ	2014	500 未満
31	女	75	キルギス	ビシュケク	年金受給者	オーロラ	2014	500 未満
32	女	52	ロシア	ビシュケク	公務員	オーロラ	2014	500〜3000 迄
33	女	65	ロシア	ビシュケク	年金受給者	オーロラ	2014	500 未満
34	男	56	カザフ	ビシュケク	バザールビジネス経営者	オーロラ	2014	500〜3000 迄
35	女	45	キルギス	ビシュケク	国際学校の先生	オーロラ	2014	500 未満
36	女	75	キルギス	オシ	年金受給者	オーロラ	2014	500 未満
37	男	55	キルギス	ビシュケク	外交使節団	オーロラ	2014	500 未満
38	男	73	キルギス	タラス	年金受給者	オーロラ	2013	500 未満
39	男	76	キルギス	タラス	年金受給者	オーロラ	2013	500 未満
40	女	43	キルギス	ビシュケク	大学スタッフ	オーロラ	2013	500 未満
41	男	44	キルギス	ビシュケク	バザールビジネス経営者	オーロラ	2013	500〜3000 迄
42	女	67	ロシア	ビシュケク	年金受給者	オーロラ	2013	500 未満
43	女	63	キルギス	イシック・クル	年金受給者	イシック・アタ	2013	500 未満
44	男	73	キルギス	ビシュケク	年金受給者	オーロラ	2013	500 未満

No.	性別	年齢	民族	居住地	職業（現在）	実施場所	実施年	月収（US$）
45	女	53	キルギス	ビシュケク	大統領行政部長	オーロラ	2013	500～3000迄
46	女	52	キルギス	ビシュケク	バザールビジネス経営者	オーロラ	2014	500～3000迄
47	女	65	キルギス	アト・バシ	年金受給者	オーロラ	2014	500 未満
48	男	67	キルギス	ビシュケク	年金受給者	オーロラ	2014	500 未満
49	男	63	キルギス	ビシュケク	年金受給者	オーロラ	2014	500 未満
50	男	67	キルギス	ビシュケク	公務員	オーロラ	2014	500～3000迄
51	男	62	キルギス	ビシュケク	農業	オーロラ	2014	500 未満
52	女	60	キルギス	ビシュケク	婦人科医	オーロラ	2014	500 未満
53	男	68	キルギス	ビシュケク	ジャーナリスト	オーロラ	2014	500 未満
54	男	65	キルギス	ビシュケク	年金受給者	オーロラ	2014	500 未満
55	男	65	キルギス	ビシュケク	年金受給者	イシック・アタ	2014	500 未満
56	男	64	キルギス	ビシュケク	年金受給者	オーロラ	2014	500 未満
57	男	63	キルギス	ビシュケク	年金受給者	オーロラ	2014	500 未満
58	女	65	キルギス	ビシュケク	年金受給者	オーロラ	2014	500 未満
59	女	67	キルギス	ビシュケク	年金受給者	オーロラ	2014	500 未満
60	女	67	キルギス	ビシュケク	年金受給者	オーロラ	2014	500 未満
61	女	65	キルギス	ビシュケク	年金受給者	オーロラ	2014	500 未満
62	女	65	キルギス	ビシュケク	年金受給者	オーロラ	2014	500 未満
63	女	63	キルギス	ビシュケク	年金受給者	イシック・アタ	2014	500 未満
64	女	64	キルギス	ビシュケク	洋服店経営者	イシック・アタ	2014	500～3000迄
65	女	65	キルギス	ビシュケク	年金受給者	オーロラ	2014	500 未満
66	男	67	キルギス	ビシュケク	年金受給者	イシック・アタ	2014	500 未満
67	女	75	ロシア	ビシュケク	年金受給者	イシック・アタ	2014	500 未満
68	男	68	キルギス	ビシュケク	運転手	イシック・アタ	2014	500 未満
69	女	69	キルギス	ビシュケク	年金受給者	オーロラ	2014	500 未満
70	女	65	キルギス	ビシュケク	洋服店経営者	オーロラ	2014	500～3000迄
71	男	66	キルギス	ビシュケク	運転手	イシック・アタ	2014	500 未満
72	女	66	キルギス	ビシュケク	年金受給者	オーロラ	2014	500 未満
73	女	62	キルギス	ナリン	農民・牧畜	イシック・アタ	2014	500 未満
74	女	65	キルギス	ビシュケク	年金受給者	イシック・アタ	2014	500 未満
75	男	65	キルギス	ビシュケク	大学の先生	オーロラ	2014	500 未満
76	男	64	キルギス	ビシュケク	年金受給者	イシック・アタ	2014	500 未満
77	男	64	キルギス	ビシュケク	年金受給者	イシック・アタ	2014	500 未満
78	女	63	キルギス	オシ	乳製品ビジネス経営者	イシック・アタ	2014	500～3000迄
79	男	65	キルギス	ビシュケク	薬局経営者	オーロラ	2014	3000 以上
80	男	67	キルギス	ビシュケク	バザールビジネス経営者	オーロラ	2014	3000 以上
81	男	53	キルギス	ビシュケク	国立銀行・発掘会社社長	カルヴェン	2014	3000 以上
82	男	55	ロシア	ビシュケク	レストラン経営者	カルヴェン	2014	3000 以上
83	男	52	ロシア	ビシュケク	繊維工場専務理事	カルヴェン	2014	500～3000迄
84	女	50	カザフ	ビシュケク	金融会社副社長	カルヴェン	2014	500～3000迄
85	女	76	カザフ	ビシュケク	年金受給者	オーロラ	2014	500 未満
86	女	75	ロシア	ビシュケク	年金受給者	イシック・アタ	2014	500 未満
87	女	51	ロシア	ビシュケク	洋服店経営者	オーロラ	2014	500～3000迄

インタビューにより筆者作成

　インタビュー方式は複数の手法を利用した．一つ目の手法は，質問紙による
ソ連時代と資本主義制度導入以降の観光の把握である．質問紙には事前に把握
した両時代の観光の種類を列挙し，対象者にはそれぞれの時代に行った活動の
選択を依頼した．また，観光の動機や感情までを聞き出すために，open-
ended interview（Gubrium and Holstein　2001）と呼ばれるインタビュー方
式を使用し，会話の中で出てくる課題について話してもらった．インタビュー
は対象者がリラックスしている昼食後の食休み時間，温泉や泥治療の待ち時間
に，温泉クロールトのロビーやベンチで行った．温泉クロールト施設でのイン
タビュー対象者の殆どはソ連経験者であり，5，6人で集まり，ソ連時代や資
本主義導入以降の会話が盛り上がっていた．2006年開設の富裕層向けカルヴェ
ン湖畔別荘地でのインタビューは湖畔やコテージで行った．その際，インタ
ビュー対象者とその家族とも会話をすることで，インタビュー対象者が多くの
思い出を語れるようにした．

　本研究はインタビュー方式を用いた点で，ウズベキスタン国民のソ連時代の
経験を描いたダダバエフ（2010）の研究と共通している．しかし，本研究はキ
ルギスを対象にソ連時代と資本主義導入以降の観光経験の実態を明らかにする
点に特徴を有する．

　また，このようなアプローチを取った中央アジアに関する研究は僅かながら
存在する．その中でも Kosmarskaya（2006）の『ポストソ連中央アジアにお
ける「帝国の子供たち」：適応的実践と精神的転換：キルギスにいるロシア人，
1992〜2002年』が興味深い．Kosmarskaya（2006）はかつてキルギスに住み
ながらも，「ロシア化された」人々を取り上げ，彼らのソ連崩壊後の状況や問
題を聞き取り調査や世論調査，歴史資料を通して考察している．ソ連時代に
「ロシア化」されたキルギス人の多くは共産党員で，仕事でも家庭でもロシア
語を使っていた．そして彼らの多くはソ連崩壊後ロシアに移住してキルギス人
としてのアイデンティティを忘れているという．「ロシア化」されたキルギス
人を取り巻く問題は現在でも存在するため，キルギス人のアイデンティティに
関する議論も必要であろう．そのため，本研究は調査対象者に多くのキルギス
人を選定し，彼らのソ連時代からの観光経験を把握し，観光はアイデンティ
ティにどのような影響を与えているのかも考察していきたい．

4　ライフヒストリーの先行研究と本研究の併用資料

　本研究で採用した調査研究方法であるライフヒストリー研究は，主に社会学や文化人類学の分野で蓄積されてきた（中野　1977；中野　1995；山田 2000；桜井　2002；谷　2008；桜井　2012；有末　2012 ほか）．ライフヒストリー（生活史，個人史）は，本人が主体的にとらえた自己の人生の歴史を，調査者の協力のもとに，本人が口述あるいは記述した作品である（中野　1995）．中野（1995）は，民族誌的な研究と同様，自他の伝記作成の場合も含めて，人生の現実を再構成することによって解明しようとするライフヒストリーなるものは，私小説や歴史文学のような創作，つまり現実の人生や歴史に虚構を加え芸術的に再構成されたフィクションからは厳密に区別されると主張する（中野 1995）．

　ライフヒストリー研究の欠点としては個別事例の紹介に終始してしまう点が挙げられる．湯澤（2009）はこの欠点を個性的な資料を抱き合わせることで乗り越えた．結城紬生産地域を研究した湯澤は，話者の語りやそこから紡ぎ出される人生を地域や時代に意味付ける際に，紬の切れ端と「機織帳」を使用した．これらの個性的な資料は話者の記憶を引き出すきっかけになるだけでなく，話者の語りを裏付け，家庭内分業を説明する資料として用いられたのである．それにより，結城紬生産地の存立基盤としての家族の役割を強調し，家族内部の事情が積み重ねられた結果として産地や地域の変化が現れると湯澤は主張している（湯澤　2009）．このような湯澤による興味深い研究法は，個人のライフヒストリーを通して社会体制転換に伴う観光の変容を明らかにする本論文にも参考となる．

　本研究では表 1-4 に示した資料をライフヒストリー分析の併用資料とする．3 人のいずれからも入手した資料は写真と贈り物リストである．写真は子供時代から現在までのものであり，主として記憶を引き出すもの，かつ語りを裏付けるものとして用いる．また，ソ連社会では職場や親戚，友人同士で贈答品を贈り合う習慣があり，贈り物リストには贈答品を贈った日時，名前，品目・値段，理由が記されている．贈り先が職場の上司の場合，名前だけでなく，地位または役職も記されている．贈り先が職場の割合は（カッコ内は贈り先職場に

表1-4　ライフヒストリー分析の併用資料と調査対象者の関係

資料名	資料の活用法	ライフヒストリー調査対象者		
		A氏	B氏	C氏
写真	記憶を引き出す，語りの裏付け	○	○	○
贈り物リスト（家計簿や語りより）	コネ社会や組織への帰属意識，人間関係を把握	○（1978〜2013）	□	○
休暇記述帳	観光の仕組み・制度，滞在スケジュールを把握	○（2005）		
仕事スケジュール帳	記憶を引き出す，語りの裏付け	○（1991〜2006）		

筆者の現地調査により作成

注：○は「ある」を示し，□は「一部ある」を示す．

占める上司の割合），社会主義時代が40％（60％），1991年の資本主義化から2005年のバウチャー旅行大規模廃止までが40％（60％），2006年以降が70％（30％）である．このように贈り物リストは社会主義時代のノーメンクラツーラ制に代表されるコネ社会，組織への帰属意識，人間関係の変化を把握するために用いることができる．

　また，ダダバエフ（2010）が『記憶の中のソ連－中央アジアの人々の生きた社会主義時代－』で採用したライフヒストリーの分析方法も参考になる．ダダバエフ（2010）は，1920年代から2009年までのウズベキスタン住民の記憶を記述することにより，社会主義時代の産業発展，コミュニティの変化，宗教政策と宗教の役割，ソ連時代へのノスタルジー等を分析した．この著作は，78人以上の断片的な記憶を収集したものではあるが，同じ質問を多数の住民に投げかけて得られた記憶を並べ，それらをその時代の統治・政策の性格に当てはめて考察している．そうすることで，社会主義国の社会において個人に起こった出来事や個人による印象を時代や地域に位置付けることに成功しており，本研究におけるライフヒストリーの分析と考察の手法にも参考になる．

第 2 章

キルギスにおける
観光の展開

第 1 節 ▷ 帝政時代における観光

1 帝政ロシアにおける観光

a) ロシア版グランドツアーと観光の事業化

　近世ロシアにおける観光の始まりは，バルト海および黒海進出のためのヨーロッパ諸国との同盟締結と，先進的な科学技術や文化，生活の視察を目的とした 1697 年のピョートル大帝による西ヨーロッパへの旅（zagranichnoe puteshestvie）にある．この経験から彼はロシアから多くの科学者，建築家や画家たちを西ヨーロッパに留学させ（Ganskiy and Andreichik　2014），その後，イギリス貴族のグランドツアーを模倣し，ピョートル大帝をはじめとするロシア貴族は自己啓発のための旅行に出るようになった（McReynolds 2006）．なお，10 世紀後半のロシアでのキリスト教の普及に伴い，聖職者のみがロシア国内の修道院やコンスタンティノープル，パレスティナ等へ巡礼するようになったが（Usyskin　2000），それ以外に旅が普及し始めたのは後述するように 18 世紀末である．

　ピョートル大帝主導のもと，ドイツの外交官（1714〜1719 年）であった Veber によって，建設中のサンクト・ペテルブルグの様相が初めて記述された『変身したロシア』はドイツ語，英語，フランス語版のみが出版された（Bespyatyh　1991）ことから，サンクト・ペテルブルグ建設はロシア国内よりも西ヨーロッパ諸国において注目されていたことがわかる．最初にロシア語でサンクト・ペテルブルグの歴史と生活を記述したのは Bogdanov（1779）であり，この書籍には貴族の邸宅や教会のリスト，戦勝イベント，王宮での外交パーティー等が収録されており，観光ガイドブックとしても利用されたと考えられる．当時のロシア貴族の多くはフランス語やドイツ語もできたことから，本書がロシア語で書かれたことは比較的広い階層にサンクト・ペテルブルグ旅行あるいは観光の需要が生じていたことを意味する．

　帝政ロシア時代における初の組織化された観光は，1777 年にモスクワで男子寄宿舎を経営する Veniamin Gensh によって新聞紙上で募集された「よその

地域への旅行計画（Plan predprinimaemogo puteshestviya v chujie kraya, sochinyonnyi po trebovaniyu nekotoryh osob soderjatelem blagorodnogo pansiona Venjiaminom Genshem)」である．これは上記の貴族による自己啓発旅行を若者に適用したものであり，まだ「観光」という言葉は使用されていなかった（Doljenko 1988；Usyskin 2000；Putrik 2014)．交通手段や宿泊施設の確保，パスポート[6]取得の困難さのため長続きしなかったが，この企画によって休暇旅行は外国を学ぶ絶好の機会だとみなされるようになった（ibid)．19世紀に入ると，ロシア商人による西ヨーロッパへの商業旅行を下敷きに勃興した中間階層による西ヨーロッパ旅行が現れるようになった．その結果，鉄道の発達，ホテルの開業，銀行による両替の開始，労働休暇としての観光の受容（McReynolds 2006）が現れ，旅行手段と旅行動機に資本主義の影響が見られるようになった．中間階層の子供が通う学校でも19世紀後半から道徳的・宗教的な教育効果を期待して，歴史・文化的モニュメントや博物館等への修学旅行（エクスカーション旅行 shkolnaya ekskursiya）が実施されるようになった．これら西ヨーロッパへの旅行（zagranichnye puteshestviya）や修学旅行はあくまでも中間階層以上によるものであり，帝政期を通して観光は一般庶民にとって遠い存在であった．

　ロシアは1780年代以降クリミア半島からコーカサス地方にかけて進出し，1859年までにこれらの地域を編入し，カスピ海東側の中央アジアも1830年代から1880年代までにロシアの領土となった．ロシア人の学者や探検家がこれらの新たな領土を訪れ，またイギリスを中心とした近代登山の影響もあって，コーカサス山脈やテンシャン山脈が探検（issledovanie）や登山（alpinizm）の対象となった．1877年にコーカサス自然科学アカデミーの下に誕生した登山クラブ（Gornyi Klub）を皮切りに，各地に研究と山間へのエクスカーションを目的とした山岳登山クラブ（Alpiyskiy Klub, Gornhyi Klub)[7]が設立された．これらの登山クラブで実施された旅は長期間のものが多く，1909年のク

リミア・コーカサス人山岳クラブによって行われた旅は 252 日間であった（Usyskin 2000）.

b)「Tourism」の登場

　1885 年にペテルブルグ在住外国人 Leopold Lipson によって，海外旅行を扱うロシア初の旅行会社である Lipson が設立された（Usyskin 2000）. Lipson はトーマスクックのシステムを参考に，チケットの手配から荷物の搬送，ホテルの確保，チップの支払い等の代理業務を行った（McReynolds 2006）. Lipson の団体旅行はロシアの新興富裕層向けであり，フィンランド，スウェーデン，パリ，イタリアとエジプト等への旅行が提供された（McReynolds 2006）. この団体旅行に出かける者には「旅行メモ帳（Putevaya zapisnaya knijka）」が配布され，旅程だけでなく，基本サービスおよびその他の情報も記載されていた（Usyskin 2000）. Lipson によって作られたこの「旅行メモ帳」が，後のソ連で団体旅行や温泉クロールトに行く際に必要だった「バウチャー（プチョフカ putyovka）」の始まりだったと言える.

　Tourism という言葉がロシア語に登場したのは 19 世紀末である. そのきっかけとなったのは 1894 年のモスクワ・ペテルブルグ自転車旅行であり，1895 年にはサンクト・ペテルブルグで「自転車観光者協会（Obshestvo velosipedistov-turistov）」が誕生した（Usyskin 2000）. この協会の会員はハイキングや乗馬，鉄道，自動車，ヨットでも旅行に出かけ，この協会はツリング・クラブ Turing Klub とも呼ばれた. 1899 年には『ロシアの観光者（Russkiy turist）』という月刊誌が出版され，「観光はスポーツであり，観光者になれるのは自然を愛する者のみである（Turizm-eto sport…… turistom mojet byt tolko lyubitel，ne poteryavshiy sposobnosti lyubit prirodu…… 省略）」と記した（Usyskin 2000）ことから，ソ連時代に観光が登山をはじめとする自発的なものに限定して使われた遠因となったと考えられる.

　自転車旅行者協会は 1901 年にロシア観光者協会（Rossiyskoe obshestvo turistov）に改名され，1903 年に会員数は 2,061 人となった（Usyskin 2000）. この協会の誕生がきっかけとなり，1901 年には『外来語辞書』に初めて「turist は楽しみのためか勉強のために旅行する者」の意味を持つ「tourist」

という言葉が登場したと言える.

　1907年,ロシア観光者協会内に低収入者にエクスカーションを提供する部門が設けられ,ロシア正教会もロシア国内の聖地への冬休みの修学旅行をロシア観光者協会に依頼した（Usyskin　2000）.

　1915年にロシアには約100件の観光協会や旅行会社が存在し（Doljenko 1988）,これらは旅行客に交通手段,宿泊施設等を含むバウチャー（プチョフカ putyovka）を販売した.

c) 治療旅行と保養地の誕生

　ピョートル大帝の旅の成果は,温泉治療にも見られる.それまで温泉はロシアでは神聖な場所と見なされていたが,ピョートル大帝がヨーロッパの温泉治療法を導入し,ペテルブルグから北東約200kmにある Martsialnye vody 温泉で治療を受けた（Doljenko　1988）ことに貴族階級も追随したことで,大都市周辺部に温泉療養施設（クロールト＝ドイツ語由来）が作られるようになった.[8] 18世紀末に温暖なクリミア半島がロシアに併合されると,ヤルタをはじめとする海岸リゾートが形成され始めた.いずれの海岸リゾートも海水や地下水,泥等を使った療法が導入されたが,これらの療法はイギリス等で盛んになった海水浴の影響も受けていると考えられる.アレクサンドル2世の家族は1862年からヤルタで海水浴を行い,1866年にはヤルタの北郊に離宮を築いた（Murovin　2017）.同じく黒海沿岸のコーカサス地方でもロシアによる割譲を経た1860年代から,ソチやアナパ等で海岸リゾートが作られた.しかし,当時の治療観光者は上流階級に限られており,1910年代のロシアを描いたアレクセイ・トルストイの小説『苦難の道』でも,ペテルブルグやキエフの政治家やロシア正教会の主教等がクリミア半島の保養地エフパトリアのホテルに治療滞在したことが描かれている（Tolstoi　1920）.

　分け与えるという意味のダーチャも17世紀後半にピョートル大帝により与

8　1803年にリペック（Lipetsk）温泉,1815年にノブゴロド州にスターラヤルッサ（Staraya Russa）温泉,1820年にキスロボック温泉,1830年にエッセントゥキ,1833年にクイビシェフ（Kuibyshev）州のセルギエフスク（Sergievsk）温泉,1837年にリトアニアリゾート,1838年にリガ周辺にケメリ温泉が誕生した（Rossyiskiy　1923；Azar　1972；Kozlov　1973；Vlasov ほか 1962；Samsonenko　2000；Tarunov　2003；Malgin　2006；Voroshilov　2008）.

えられた土地として誕生した（Djandjugazova 2010）．18世紀後半には，ダーチャは郊外にある家，もしくは郊外農園を意味するようになり（Djandjugazova 2010），当初はペテルブルグ近郊とモスクワ近郊，ヤウザ川とモスクワ川沿いのモスクワ郊外に建設された（Djandjugazova 2010；Elyutin 2014）．

1830年代にはダーチャは郊外エリアに立地する夏季レクリエーションのための広大な住宅地を意味するようになり，主に貴族が利用していた（Belovinskiy 2015）．19世紀後半の産業化に伴い，貴族の没落が相次ぎ，夏休み用に邸宅だけを残して土地を売ったのがダーチャ普及の始まりである．さらに，人口増加，鉄道開発により，モスクワ・サンクトペテルブルク鉄道（1851年建設完成）や北部鉄道（1868年建設完成）沿線で最もダーチャ開発が進展し（Djandjugazova 2010；Elyutin 2014），中でも鉄道沿線，川や湖沿いのダーチャは高価であった．

例えば，19世紀末にモスクワ郊外のカザン鉄道駅近辺のマラホフカ村では1,000軒のダーチャが集積し，教会や二つの劇場，郵便局，店やスポーツ競技場等が作られ，ダーチャ敷地内に馬車鉄道も存在した．貴族以外に，医者，弁護士，技術者等からなるミドルクラスも家族・友人との休養や周辺散策目的で利用するようになった（Belovinskiy 2015；Elyutin 2014）．19世紀末のダーチャの様子は『ダーチニキ（ダーチャで過ごす者たち）』Gorkiy（1904）やブーニンの『ダーチャで』（Bunin 1895）でも描かれている．

19世紀末から20世紀初頭には，ダーチャの貸し出しも一般的になり，利用者のすそ野が広がった（Belovinskiy 2015）．ペテルブルグ郊外では，20世紀初頭にダーチャの建設はフィンランド湾の北岸まで広がり（Elyutin 2014），当時ダーチャ集積地域では小規模のコンサート，パフォーマンスや美術館が開かれたほか，ボート乗り，アウトドアゲーム，サッカー大会，自転車クルーズ，サマーキャンプやロマンス等の交流の場として利用された（Djandjugazova 2010；Belovinskiy 2015）．しかし，第1次世界大戦とロシア革命によりダーチャの多くが破壊された．

2　キルギスにおける観光の胎動

　19 世紀半ばの帝政ロシアによる支配以前までキルギス人は遊牧民であった. 夏（5 月半ば〜9 月半ば）には家畜（羊, ヤギ, 牛, 馬等）へ与える新鮮な牧草を求めて標高 3,000m 付近の高原に移動し, 馬乳酒の飲用, ウサギ狩りや食用高山植物の採取をし, また, 家族の一員が副業として山麓で主に大麦とジャガイモを栽培した. そして, 遊牧民キルギス人にとっての観光は馬に乗って羊の放牧へ行くことのほかに, 異なる地域で暮らす他の遊牧民を訪ね, 会話や宿泊をすることであった. 10 月までには山麓に移動し, 保存食や屠畜した牛や馬を食べて過ごし, 2〜3 月の家畜の繁殖期に備えた. キルギスのテンシャン山脈の山麓部は地中海性気候からステップ気候の移行帯であり乾燥した草原が広がる. 3 月から 5 月にかけて短い雨季があり, その間に草本が生育し 8 月中旬に枯れる前に, 山麓に残った家族の一員が草刈りをし, 冬季の家畜の食料とした.

　当時の部族社会では政治的な有力者や富裕者が多数の家畜を所有して, 自己の帰属する父系親族集団のテリトリーの中で最良の放牧地を占有しており, 水の便の良い冬営地で耕作を行い, 簡便なものではあるが土レンガで作った家屋, 石を積み上げた家畜囲いも所有していた. 一般にソ連成立前後までは貧富の差が激しく, 経済状況によっては有力者の使用人, 奴隷となっていた者もいた（吉田　2012）. なお, 部族への帰属意識はソ連時代も連綿と続き, ソ連崩壊後のキルギス社会においては人事や商売等の面で顕著に表出している.

　テンシャン山脈の山中や山麓部には融雪による湧水が散在し, キルギス人は湧水地を石で囲んでそこに入浴するだけでなく（Ashmarin　1934）, 温泉を含む湧水地を健康や子宝, 富や権力の獲得を祈願するための聖地として扱い, 祈りの場所としても使用した（Aigine　2009）. キルギス人は貧富や老若男女を問わず 4 月から 10 月にかけてこれらの聖地へ出かけ, 祈願や羊の奉納（直会・宴会）, 入浴や湯治を行なった. 帝政ロシアの影響下に入ると, ロシア人探検家テンシャンスキーがヨーロッパ人として初めて 1856 年にテンシャン山脈を

9　2017 年理科年表によると首都ビシュケクの年平均降水量（1981〜2010 年の平均）は 462mm である.

探索した．調査後の 1859 年に出版された『Zemlevedenie Azii（アジアの地理）』は，キルギスの山岳や温泉をロシアやヨーロッパに知らせることになり，探検家や登山家がそれらを訪れるようになった．

　植民地運動により赴任してきたロシア人の役人は不慣れな中央アジアの環境によってマラリアを発症し，ロシアに帰還することが多かったために，帝政ロシア政府は夏季の転地療養地として温泉や泥温泉，山や峡谷を探し，夏の休暇・治療用の施設を作った（Petrosyants 1926；Aleksandrov 1931；Mysovskiy 1931；Plotnikov and Prokopenko 1937；Volskiy 1950）．同様に，鉄道公社や赤十字，地方自治体もマラリアのない山や渓谷に衛生施設を，温泉や湖や泥が存在する場所には温泉施設を建設した．キルギスではジェティ・オグズ温泉クロールトが 1880 年に，第 3 章で取り上げるイシック・アタ温泉クロールトが 1891 年に赤十字セミレッチェンク管理局によって開設された．

第 2 節｜ソ連時代における観光

1　初期のプロレタリア観光とその挫折

　1920 年代は革命後の混乱期であったが，ソ連の観光システムの基礎が徐々に整えられた時期でもあった．1917 年の革命以降，ソ連政府は帝政ロシア時代に行われていた中央アジアやシベリアの開拓を継続した．1918 年に教育人民委員会（省庁に相当）内に修学旅行ビューロー（Byuro shkolnyh ekskursiy）が設立され 1924 年まで存在した（Usyskin 2000）が，利用者はロシアのごく一部だと考えられる．1920 年代に入って中央アジアやシベリアを含むソ連国内への生徒や軍人による修学・見学旅行と，クリミアやコーカサス黒海沿岸リゾート地に立地するサナトリウム，保養所の労働者用施設への転換が始まった（Ganskiy and Andreichik 2014）．さらに，革命にちなんだ銅像・モニュメントが建てられはじめ，修学・見学旅行に組み込まれることになる．

　また，赤軍での遠方への観光の始まりは，1925年のモスクワ駐留軍人によるカフカス山脈への登山（Voennyi Pohod）である（Gashuk and Vukolov 1983）．1928年には赤軍参謀本部内に軍事観光ビューロー（Voenno-turisticheskoe byuro）が設立され，1935年制定の法令により観光の組織的な実行を目的として「観光と登山部門（Otdel turizma i alpinizma）」に改名された（Putrik　2014；Ganskiy and Andreichik　2014）．しかし，この時期は，1928年から継続された五か年計画によって工業生産力は上がったものの，農村部では食糧と生活物資の不足が顕著であり，また1930年代は前半のウクライナを中心とした大飢饉，後半のスターリンによる大粛清によりソ連国内は混乱していた．そのような時代の中で，観光における生徒と軍人への優遇はソ連への求心力を高める意図があったと考えられる．

　生徒や軍人以外の観光は，モスクワ等大都市に限ってであるが，工業生産力の上昇を背景に1930年代に入って普及し始めた[10]．普及の仕掛け人は1930年に誕生した全ソ連プロレタリア観光エクスカーション協会である[11]．この組織は革命家でソ連法務省のトップ（人民委員）を務め，またパミール高原の著名な登山家・探検家でもあったクルィリェーンコにより組織され，観光ベース[12]（後述）の建設，登山，漕艇，乗馬，近郊の森へのエクスカーション等のスポーツの機会を提供した（Kvartalnov　2002；Ganskiy and Andreichik　2014；Putrik 2014）．また，この協会はモスクワや他の数都市でツーリストショップを開店し，テント，バックパック，登山靴，カヤック等の観光グッズの生産・販売を

10　1928年にモスクワ協議会，ソ連国民教育委員会，ソ連国民保健委員会，鉄道委員会が株主となる「ソビエトツーリスト（Sovetskiy Turist）」株式会社が誕生した．バウチャーを使った計画的な観光商業活動を行ったが，設定料金が高かったため上級階級やインテリたちしか観光できなかった（Gorsuch and Koenker　2006, Ganskiy and Andreichik　2014, Putrik　2014）．当時の労働組合も幅広く観光を提供することがなく，週末に開催する労働者の市外への集団旅行や，博物館への遠足だけに限られていた（Gorsuch and Koenker　2006）．

11　全ソ連プロレタリア観光エクスカーション協会（Vsesoyuznoe Obshestvo Proletarskogo Turizma i Ekskursiy）はロシア観光協会（1929年にソ連プロレタリア観光エクスカーション協会に改称），ソビエトツーリスト（1928年に株式会社として誕生）と，ソ連プロレタリア観光エクスカーション協会が合併して誕生した組織である．

12　観光ベースとは，観光客のための宿泊ができる建物で食料や文化的および社会的サービスの複合体である．観光ルートには観光ベースが作られたが，夏の滞在中のみ使用できた．通常，職場や居住地で労働組合発行のバウチャーを購入し，ツアー観光客が使用することが多かった（Belovinskiy　2015）．

行い，観光地で撮影した写真の現像スタジオも併設した．この協会は，全国で400程度の観光ベース等を所有し，トーマスクック社をモデルに旅行代理店の機能を果たし，安価なバウチャーで汽車や船での遠距離観光旅行を提供するだけでなく，観光情報や観光ルートが書かれたガイドブックを出版した．協会メンバーは鉄道の割引が受けられ，特に学生，教師，若者の低賃金労働者は5割引であった．この協会が主導して，「観光者よ，ソ連を守れ」，「宗教とアルコール依存症との戦いのための観光」といったプロパガンダを唱えるパレードのような祭りも行われた（Doljenko 1988）．また，1939年には「ソ連のツーリスト」バッジ制度[13]が作られた（Doljenko 1988）．以上のように観光はソ連体制の維持や国民の組織化にも活用されたが，1938年のクルィリェーンコ粛清や1941年の第2次世界大戦への参戦もあって，ソ連の観光は一時的に停滞することになる．

　上記のプロレタリア向けの観光のほかに，1930年代は第2章1節1項c）で述べたダーチャの建設が進んだ時期でもあった．帝政時代の旧ロシアインテリ層は，1905～1907年の民主化革命家でもあったが，ボリシェビキ革命後の1918～19年に大多数が死亡し，1922年にも部分的に国から強制追放されたため，科学・文化・芸術のインテリ層が1万7千人減少したという（Belovinskiy 2015）．しかし，ソ連政府は西ヨーロッパと良い関係を築くため，民主主義を装って生理学者Pavlovや作曲家Glazunov等の旧インテリやアーティストに豪華なダーチャを与えた[14]．第2次世界大戦後は，上級将校や大科学者等に大都市周辺の大規模な土地（最大1ヘクタール）が割り当てられ，「将軍」と「学者」のダーチャエリアが誕生した．また，各地域の党委員会会長ノーメンクラツーラには専用のダーチャが建設され，任期中無償で利用できた（Belovinskiy 2015）．このようにソ連形成後，国の考えに忠実な「ソビエト的」インテリの創造を目的とした総合政策が積極的に推進され，ダーチャも温泉クロールトと並行して忠誠や労働の対価として，政治的配慮のもとに与えられたと考えられ

13　ツーリストバッジ（ズナチョック・ツリスタ znachok turista）は18歳以上のソ連国民向けの，救命救急や野外活動，地質学等を段階的に修得することでより上級のバッジを獲得していく観光者養成システムである．これについては中子（2010）が詳しい．

14　なお，教育機関では，古い制度の教師が党や公的機関によって厳格に管理され，反動的な教育思想に対する激しい批判を受け，仕事から追放された．

る.

　一方，第 2 次世界大戦後の 1945〜48 年に全ソ連労働組合評議会が大都市の観光・エクスカーション局を再組織し，1948 年にはソ連共産党中央委員会によって体育・スポーツと観光の創出に関する「体育とスポーツの発展」政令が発布されるなど，登山やスキー，カヤック等の自主的な観光はスポーツの一種として枠にはめられ，前述の「ソ連のツーリスト」バッジ制度の中で観光スポーツのアスリート養成として統制され始めた.

2　ソ連政府・共産党主導の観光発展

a) 観光管理システムの再編

　1953 年スターリンの死後，共産党第一書記に就任したフルシチョフの当初の政策の中心は，低迷する経済を立て直し，住宅供与を中心とした国民生活の安定を確保することにあった. 1956 年以降，国際観光にも力を入れ始め，労働者を統括する労働組合[15]が非通貨交換システムによって労働者にブルガリア，ハンガリー，チェコスロバキア，ルーマニア等へのツアー旅行参加の機会を提供した. また，第 2 次世界大戦後初めて研究者や一流の工場労働者が客船「ポベダ（勝利）」号でのヨーロッパ周遊クルーズに出た. その結果，1956 年にはソ連から約 56 万人が，社会主義国だけでなく資本主義国を含む 61 か国に観光目的で訪問し，約 49 万人の外国人旅行者がソ連を訪れた（Ganskiy and Andreichik　2014）.

　また，1956 年から中央コムソモール委員会によって青少年の国際交流が進展し，1958 年にはコムソモール中央委員会の下に青少年海外旅行局 Sputnik が誕生した. なお，ソ連の国際観光は，インツーリスト，全ソ連労働組合中央評議会観光・エクスカーション局とコムソモール中央委員会の青少年海外旅行局により推進された. 国際観光の大多数をインツーリストが担当したものの，バウチャーが高価であったため，参加者の大多数を一流技術者や官僚等が占め，

15　ソ連では，全ての労働者に労働組合への加入が義務付けられており，職場別・企業別・地域別の労働組合が組織され，全てを全ソ連労働組合評議会が統括していた. 労働組合は労働者の社会保険や福利厚生を担当しており，大きな資金・権力を有していた.

農民や労働者の数はわずかであった．そこで，労働組合により改革が行なわれ，労働組合負担で国際観光バウチャーが建前上は平等に配布されるようになり，「ソ連のツーリスト」バッジ制度も，全ソ連労働組合中央評議会の下部組織の労働組合自主スポーツ協会によって改変され，従来の3段階の上に「観光マスター」が設定された．

1962年には全ソ連の観光管理システムが再編され（Ganskiy and Andreichik 2014），観光者の属性に応じて，労働者の観光は全ソ連労働組合中央評議会が，国際観光は国際観光協会委員会が，軍における観光は防衛省が，学校の修学旅行は文部省が，青少年のための観光はスプートニク／コムソモールが管理するようになった（図2-1）．これらの管理機関がそれぞれ休暇施設を建設し，管轄する人々に向けてバウチャーを配分した．また，社会が安定し，休暇に時間とお金を費やすようになり（Svininnikov 1985），観光管理システムも定まったことで，休暇施設の整備も1960年代に進展することとなった．国際観光も1960年代に発展した（Ananyev 1968）が，出国には「オフォルムレニー」（手続きを行って権利を確保すること）と呼ばれる時間の要する特別な認可を必要とした（ヴォスレンスキー 1988）．許可は旅行が1日であろうと，数年であろうと必要であった．認可を得るためには，外国へ行きたいという公民の要望だけでは不十分であり，以下の認可基準を満たす必要があった．

(1) 国外公用旅行のためには，申請者の職場の推挙があること．
(2) 観光旅行証明書ないしは外国保養所への指定証明書を得るためには，組織（労働組合，または社会団体）の推薦があること．
(3) 外国からの個人宛て招待があること．

(1) のケース（公用旅行）はソ連共産党中央委員会外国旅行部が，(2) のケース（観光）は連邦構成共和国共産党中央委員会，州委員会，市委員会外国旅行委員会が，(3) のケース（私的旅行）は査証発行および登録部（OVIR）が管轄した．OVIRは内務省に属するが，実際はソ連国家保安委員会（KGB）の監督下にあった（ヴォスレンスキー 1988：506）．通例では，まず中央委員会書記局が出国を許可し，許可された出国者はOVIRとKGBからさらなる出国認可を得る必要があった．

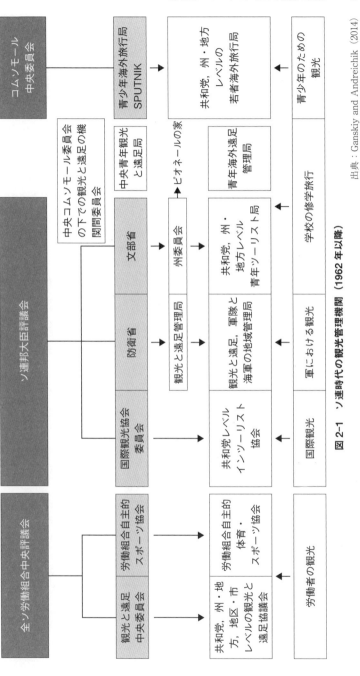

図 2-1　ソ連時代の観光管理機関（1962 年以降）

出典：Ganskiy and Andreichik（2014）

44

b）休暇施設の整備

　1964年から1982年までのブレジネフ時代は，住宅供給が全国に行きわたり，政治的な圧力も比較的少なく，国民の多くが現在もなお肯定的に評価する時代である[16]．国内観光が発展し，観光産業従事者も増加し，人材育成が必要になったことで，1960年代には観光教育が大半の大学で取り入れられ，大学内には観光クラブも作られた（中子　2010；Ganskiy and Andreichik　2014）．中でも体育大学や教育大学の体育教育で，「観光」は必須科目として導入され（Nikulshin　1965），学生は観光理論と合わせ，5日間の野外訓練に参加する必要があった．特に黒海やカフカス山脈を有するコーカサス地方は観光教育に熱心であり，アゼルバイジャンではソ連で初めて全大学全学部で観光を必須科目にした．

　表2-1は，計画的に整備されたソ連の休暇施設を示したものである．表2-1で示しているもののほとんどが統計局の経済学者Azar（1972）の著書に含まれていたことから，1970年代には表2-1に示された施設が整っていたと考えられる[17]．Azar（1972）は休暇施設を受動的休暇施設と自発的休暇施設に二分しており，表2-1でも休暇施設を温泉治療に代表される受動的休暇施設と，登山やスキー等の自発的休暇施設とに分けている．

　受動的休暇施設とは，労働組合等によって配給されるバウチャーが必要なものである．その中でもクロールトとサナトリウム，一部パンシオナットの利用には医者が発行した処方箋の提出を必要とし，休暇ホーム，子どもキャンプや一部のパンシオナットの利用にはその必要はなかった．

　クロールトとは，第2章1節c）で先述した通りピョートル大帝によってヨーロッパから導入され，海辺・湖畔，森林・山間部に立地する治療やリハビリ，病気予防のための温泉・泥療養施設であり，休暇施設の中で最も高級で贅

16　筆者によるA氏，B氏，C氏へのインタビュー調査によると，ブレジネフ時代はソ連時代の中で最も安定した時代である．ダダバエフ（2010）でも，ウズベキスタン在住の10人がこの時代を黄金の時代，皆生活を楽しんだ時代，物が安くて何でも手に入る時代，将来の夢を描ける時代，と評価している．
17　表2-1の施設内容はPreobrajenskiy and Krivosheev（1980），Kozlov（1973，1983，1986），Ganskiy and Andreichik（2014）に基づいている．それらにはダーチャは挙げられていないが，ダーチャは当時の市内在住の人々にとって週末や夏季中の休暇施設であったため，筆者はダーチャも休暇施設の一つとして含める．

表2-1　ソ連における計画的に整備された休暇施設（1970~1980年代）

		立地	パウチャー	処方箋	滞在期間	医者・看護師	治療種類	食事	アミューズメント
パッシブ（受動的）休暇施設	クロールト	海・湖畔、森林・山間部	要	要	3~4週間	在	温泉、泥、物理治療、気候、海・湖浴、マッサージ、体操	付き	コンサート、映画鑑賞、ダンス、船乗りや合、森林・山間エクスカーション、テニス、チェス、プール等
	サナトリウム	海・湖畔、森林・山間部	要	要	3~4週間	在	温泉、泥、物理治療、気候、海・湖浴、マッサージ、体操	付き	コンサート、映画鑑賞、ダンス、船乗りや合、森林・山間エクスカーション、テニス、チェス、プール等
	パンシオナート	海・湖畔	要	一部要	3~4週間	在	一部温泉、泥、療、気候、海、湖浴、マッサージ	付き	コンサート、映画鑑賞、ダンス、船乗りや合、森林・山間エクスカーション、テニス、チェス、プール等
	休暇ホーム	海・湖畔、森林・山間部	要	×	7~10週間	在	気候、海、湖浴、マッサージ	付き	コンサート、映画鑑賞、ダンス、船乗りや合、森林・山間エクスカーション、テニス、チェス、プール等
	子供夏季キャンプ（7~15歳）（ピオネール・ラーゲリ）	森林・山間部・学校	要	×	2~3週間	在	×	付き	コンサート、映画鑑賞、ダンス、船乗りや合、森林・山間エクスカーション、テニス、チェス、プール等
	ダーチャ（家）	海・湖畔、森林・山間部、郊外	×	×	1日~（主に週末&夏季中）	×	×	自炊	野菜栽培、近隣川、湖での魚釣り
アクティブ（自発的）休暇施設	観光ホテル	海・湖畔、都市	×	×	1日~	×	×	付き	コンサート、映画鑑賞、ダンス、船乗りや合、森林・山間エクスカーション、テニス、チェス、等
	観光ベース（テントと小屋からなる）	海・湖畔、森林・山間部、町	×	×	1日~	×	×	一部自炊	船乗りや合、森林・山間エクスカーション
	登山キャンプ	山間部	一部要	×	1日~	×	×	一部自炊	登山、散策
	休暇ベース	海・湖畔、森林・山間部	×	×	1日~	×	×	一部自炊	登山、散策
	狩猟と漁師のベース	海・湖畔、森林・山間部	×	×	1日~1カ月	×	×	自炊	狩猟と魚釣り
	子供観光・エクスカーションベース	海・湖畔、森林・山間部	×	×	1日~	×	×	一部自炊	登山、散策、森林・山間エクスカーション
	少年スポーツ・労働キャンプ（15~17歳）	農村学校内	一部要	×	1日~	×	×	一部自炊	農村にて3時間労働と休暇
	憩いの場（プリユート）	山岳部	×	×	1日~	×	×	一部自炊	登山、散策
	山小屋（ビージナ・観光ベースから離れた山間部の小屋）	山岳部	×	×	1日~	×	×	一部自炊	登山、散策
	文化創作組合	海・湖畔、都市	×	×	日帰り	×	×		芸術活動

Azar（1972）、Preobrajenskiy and Krivosheev（1980）、Kozlov（1985）、Ganskiy and Andreichik（2014）を参考に筆者作成

沢なものだと国民に認識されていた．サナトリウムは，海や湖畔，森林・山間部での療養ができる施設で，結核等の特定の病気治療用のものも存在する．パンシオナットは海や湖畔に立地し，一部では温泉・泥治療，物理治療が行われる．

　一部のパンシオナット，休暇ホームと子どもキャンプ（ピオネールラーゲリ[18]）では治療が行われない代わりに，健康な人々のための休暇プログラムが提供された（Azar　1972；Koenker　2009；Preobrajenskiy and Krivosheev 1980；Belovinskiy　2015）．子どもキャンプへの参加には親の職場から配給されるバウチャーが必要であり，配分の構造がバウチャーと類似する．

　これらのバウチャーは，プチョフカ（putyovka）と呼ばれ，中央労働組合当局によって割り当てられ，地元企業の委員会を通じて配布されることになっていた．中でもクロールトへのバウチャー調達が困難であった[19]．クロールト施設の滞在は1〜4週間であり，治療のために訪れる者は患者（bol`noi），休暇するために訪れる者は休暇者（otdykhayushiy）と呼ばれた（Palmer　2006）．そこでは「治療手順」があり，看護師や医師の監督下での温泉入浴，日光浴，海水浴，マッサージ，体操といった治療が毎日行われた．クロールト施設ではコンサート，映画鑑賞，ダンス，ボート乗りや谷・森林・山間エクスカーション，テニス，チェス，プール等のプログラムも提供されていた．

　自発的休暇施設とは，バウチャーの不要な，治療を提供しないもので，観光ホテル，観光ベース，登山キャンプ，休暇ベース，狩猟と釣り人のベース[20]，子供観光・エクスカーションベース，少年スポーツ・労働キャンプ（15〜17歳），憩いの場（プリユート），山小屋（ヒージナ：観光ベースから離れた山間部の小屋），文化創作組合（トヴォルチェスキー・ドム tvorcheskiy dom）の施設である．ブレジネフ時代は政治的な圧力が比較的少なかったとされるため，

18　子どもキャンプ(ピオネールラーゲリ pioner lager) とは，労働組合，機関，企業により組織されたピオネール（ソ連時代の共産党少年団員で満10〜15歳の少年が対象）および学校の生徒（7歳から15歳まで）のための教育施設およびレクリエーション施設であり，ソ連内各国の湖畔や黒海等の自然豊かな場所に設置され，夏季休暇3か月間の内2週間から1か月間滞在できた（Belovinskiy　2015）．子どもキャンプ旅行のバウチャーは両親の仕事先の労働組合から配布された．あるいは，成績の優秀な子供たちが学校から選ばれて行くこともあった．

19　A氏，B氏，C氏，No4，No26へのインタビュー調査による．

20　狩猟ベースを利用できるのは1〜2年の研修後にライセンスを受けた人のみであった．

表 2-2　ソ連における休暇施設数（1913〜1976 年）

施設の種類	1913年	1939年	1945年	1950年	1955年	1960年	1965年	1970年	1975年	1976年
治療を提供するサナトリウム及びパンシオナット（クロールトを含む）	60	1,838	1,107	2,070	2,178	2,106	2,230	2,318	2,350	2,345
休暇ホーム及び休暇パンシオナット	−	1,270	516	891	939	887	889	1,073	1,124	1,170
休暇ベース	−	−	−	−	−	−	3,113	3,345	5,079	5,446
観光ベース	−	−	−	67	−	−	450	592	943	954
計	60	3,108	1,623	3,028	3,117	2,993	6,682	7,328	9,496	9,915

Preobrajenskiy and Krivosheev（1980）より筆者作成

注：" − " はデータ無し

1960 年代から 1970 年後半にかけて自発的休暇施設が増加したと考えられる（表 2-2）.

　また，図 2-1 中の管理者が観光クラブ[21]を増やし，1975 年の 6 万個所から 1985 年には 9 万個所に増加したことも自発的休暇の発展理由に挙げられる. さらに，1967 年に労働条件の基準が週休 2 日（土曜日，日曜日）1 日 8 時間労働（週 40 時間）に整備された（辻村　1970；Bogatyrenko　1984；Vasilyev 1983）ことも，自発的休暇施設増加の要因であると考えられる.

　1970 年代のソ連観光は科学的にも研究が進み，1980 年にソ連科学アカデミー地理研究所は地理学者 Preobrajenskiy の主導で『ソ連のレクリエーション・システムの地理』を発行し，1976 年時点で設定されたソ連内のレクリエーションゾーンを 4 ゾーンに分け，そこからさらに 20 地域に区分した. 表 2-3 で示しているとおり，それぞれのゾーンは機能，対象者および開発レベルが異なり，機能には治療，保養，観光，エクスカーションがある. 例えば，第 1 ゾーンは全ソ連レベルの観光ルートの 50%，サナトリウムの 40%，パンシオナットと休暇ホームの 30%，登山キャンプの 25% が集中している地域である（Mironenko and Tverdohlebov　1981）. このゾーンの中で開発レベルが高く，

21　観光クラブ（ツリスチテスキー・クルブ turisticheskiy klub）とは，体育大学や教育大学を卒業したインストラクターによって，観光ルート作成や観光情報が提供される組織であり，都市部のビルの一室や農村部の役所，学校や職場にも存在した.

48

表 2-3　1976 年のソ連の地域別レクリエーション機能と開発レベル

	地域名	主な機能	対象	開発レベル
第1ゾーン	カフカス・黒海（ボリショイ・ソチ（温泉クロールト：ゲレンジック，ガグラ，アナパ））	治療・保養	全ソ連向け	高
	カフカス北部（カフカス温泉とナリチッククロールト）	治療	全ソ連向け	中
	カフカス山間部	スポーツ・観光	全ソ連向け	中
	ザカフカス（ボルジョミ，ツハルツボ等の温泉クロールト）	治療・観光	全ソ連向け	中
	カスピ海沿岸（バクー）	治療	地元住民向け	低
	クリミア南部（ボリシャヤ・ヤルタ（エフパトリア，スダック等））	治療・保養	全ソ連向け	高
	オデッサ	保養	近隣地域向け	中
	アゾフ海沿岸	保養	近隣地域向け	低
第2ゾーン	ロシア中央（ダーチャ等）	エクスカーション・保養	全ソ連・地元住民向け	高
	ロシア北西（カレリア地峡沿いダーチャ等）	保養・エクスカーション	地元住民向け・全ソ連向け	中
	ロシア西部（バルト海岸のユルマラ，バランガクロールト等）	エクスカーション・保養	近隣地域向け・地元住民向け	中
	ドニエプル＝ドニエスタ（カルパチア山脈麓のトゥルスカヴェッツ温泉クロールト）	エクスカーション・保養	地元住民向け	中
	ボルガ	エクスカーション・保養	近隣地域向け・地元住民向け	中
	ウラル	治療	地元住民向け	低
第3ゾーン	中央アジア（サマルカンド，ブハラ；イシック・クル湖；トルクメニスタン（バイラム・アリ山間クロールト）	治療・保養	地元住民向け・全ソ連向け	低
	オブスク・アルタイ	保養・治療	地元住民向け	低
	エニセイ	保養・治療	地元住民向け	低
	バイカル湖湖畔	保養・治療	近隣地域向け・地元住民向け	低
	極東	治療・保養	近隣地域向け・地元住民向け	低
第4ゾーン	ロシアの北部（コラ半島サナトリウム：アバラフ，ムルマシ等）	治療・観光	地元住民向け・全ソ連向け	低

Preobrajenskiy and Krivosheev（1980）；Mironenko and Tverdohlebov（1981）により筆者作成
注：機能と対象は強調が強い順に並ぶ

全ソ連向けの治療・保養地域であるのはカフカス・黒海地域のゲレンジック，ガグラ，アナパ等に位置するボリショイ・ソチ温泉クロールト，クリミア南部のエフパトリア，アルシュタ，スダック等に位置するボリシャヤ・ヤルタクロールトであり，治療地域にはカフカス北部にあるカフカス温泉とナリチッククロールト地域が含まれる．中レベルの開発の地域には全ソ連向けのスポーツ・観光レクリエーション地域であるカフカス山間部があり，ドムバイ，ツェイ，アルフズ，テルスコル等の観光地域が含まれる．また，中レベル開発の地域には治療・観光を提供するザカフカス（アゼルバイジャン，アルメニア，グルジア）があり，ボルジョミ，ツハルツボ等の全ソ連向けの温泉クロールトが立地する．一方で，カスピ海沿岸はバクー，アゾフスク海沿岸のベルヂャヌスクやジュダノフ等，全体的に開発レベルの低いレクリエーションゾーンに区分されている．

第2ゾーンに分類されるエクスカーション・保養地域にはモスクワやレニングラード，キエフ等の大都市内外の3分の2が住む地域が該当する．中レベルの開発レベル地域はロシア中央とロシア北西であり，ダーチャや，サナトリム，休暇ホーム，子どもキャンプ等が多く立地する（Preobrajenskiy and Krivosheev 1980）．ダーチャはフィンランド湾沿岸のカレリア地峡沿いにも集中しているため，レニングラード地域もクロールトゾーンに含まれる（Preobrajenskiy and Krivosheev 1980）．そのほかに，温泉・海岸クロールトの集中はみられないが，代表的な治療・保養地域はパランガ海岸クロールトを含むバルト海岸部のユルマラクロールトや，カルパチア山脈麓のトゥルスカヴェッツやビルシュトナス温泉クロールトである（Mironenko and Tverdohlebov 1981）．

第3ゾーンには中央アジアやバイカル湖，アルタイやエニセイ川沿い地域，極東等があり，サマルカンドやブハラの歴史的観光地や，キルギスのイシック・クル湖畔部，トルクメニスタンのバイラム・アリ山間クロールト等が含まれる（Preobrajenskiy and Krivosheev 1980；Mironenko and Tverdohlebov 1981）．表2-3では中央アジアが全体的に開発レベルの低いゾーンに区分されているものの，キルギスのイシック・クル湖畔，トルクメニスタンのバイラム・アリ山間クロールトやカザフスタンのボロヴォエ山間クロールトといった

全ソ連レベルの地域も存在する（Mironenko and Tverdohlebov 1981）．さらに，1979年にイシック・クル湖畔北部で共産党専用のクロールト「オーロラ」が建設された後に，イシック・クル地域は全ソ連レベルのレクリエーション地域になった．

第4ゾーンはロシア北部のアバラフ，ムルマシ等のサナトリウムが存在するコラ半島から構成され，開発レベルの低い地域である．主に地元住民向けの治療レクリエーションゾーンに区分されるが，カムチャッカのゲイゼルノエ川沿いと白海沿岸に位置するソロフキー修道院が存在するため，全ソ連の観光レクリエーションゾーンにも含まれる（Preobrajenskiy and Krivosheev 1980；Mironennko and Tverdohlebov 1981）．

上記のソ連各地域にも労働組合から支給されたバウチャー（無料〜3割自費）を利用することにより訪問が可能であった．ソ連国内ツアー[22]にはモスクワ発の交通チケットと各地域でのホテルやエクスカーションが含まれ，いわばパッケージ旅行商品になっていた．また，ホテル宿泊という貴重な機会を安価に入手できることで，ソ連国民が自己手配する観光より参加しやすかった．しかし，モスクワまでの旅費は自己負担であり，ソ連国内ツアーバウチャーを頻繁に入手できたフルンゼの労働者にとって近隣の温泉クロールト等のバウチャーの方が人気があったという[23]．また，ツアー観光の行き先があらかじめモスクワの中央評議会労働組合によって決まっていたことから，共産主義の理念を広めるためにつくられたと考えられる．

3 ソ連時代におけるキルギスの観光

1922年のソ連成立後，キルギスはソ連内のカラ・キルギス自治州になり，

---

22 バウチャー制のソ連国内ツアーは各居住地から一旦モスクワに集合して，そこでさまざまな出身地・民族の人々が参加ツアーに振り分けられ，モスクワから出発した．ただし，各居住地のバウチャー制国内ツアー，つまりキルギス国民の場合は，キルギス国内ツアーはモスクワでの集合は不要だった．交通代やホテル代が組み込まれたソ連国内団体ツアーの希望者数はバウチャー数を遥かに超えていた．配給量の少なさは政府主導の観光に付加価値を与えるためだったと考えられるが，一方で政府はキルギス国内旅行なら個人でも自由に汽車の切符を購入可能にした．

23 ソ連時代フルンゼの縫製工場勤務のロシア人労働者とコンピューターセンターのロシア人労働者No.8へのインタビューによる．

1926年にキルギス自治ソビエト社会主義共和国に，1936年にはキルギス・ソビエト社会主義共和国となった．しかし，キルギスの都市地域に定住した民族の多くはロシア人，ウクライナ人とタタール人であり，キルギス人，カザフ人やウズベク人等は農村地域に居住した（Petrov　2008）．

　キルギスの経済発展は第1次5か年計画（1928〜1932年）により始まり，ソ連による産業化や健康管理およびリゾート事業の推進が行われるとともに（Sudnikov　1941），首都を中心に建築，産業，文化，教育等が発展した．一方，農村では遊牧民のキルギス人に畜産業を中心とした農業発展が課せられた．なお，1929年までは，農業，小売，サービス，食品，軽工業は主に民間企業が行っており，重工業，運輸，銀行，卸売業，国際貿易は国が管理していた．

　1930年代に全ソ連プロレタリア観光エクスカーション協会の活動がキルギスにも普及し，1937年にキルギス体育委員会のもとで観光者・登山家クラブが設立され，キルギスの学校や大学，企業等にも登山・観光サークルが組織された（Jyrgalbekov　1995）．また，キルギスの山岳，温泉やイシック・クル湖等がロシア人研究者により研究され，ソ連のレクリエーションゾーンに含まれるようになった．医者で転地療養学（クロールトロギー）を専門とするAleksandrov はキルギス温泉クロールトとイシック・クルリゾートの利用者属性，期間，治療法等の調査を行い，1931年に『キルギスのリゾート』を出版した．

　1936年，新聞『Sovetskaya Kirgiziya（ソ連のキルギス）』4月15日号が「1936年，キルギスのリゾートが12,000人を受け入れる」という記事を掲載したように，定期的に新聞や雑誌にキルギスのリゾート開発の進展や計画等が取り上げられたことから，この時代にリゾートの開発が進んでいたことがわかる．1937年に入ると，キルギス・ソビエト社会主義共和国クロールト管理局により，『キルギスリゾートに関する適応症と禁忌』（1937）が出版された．そして，表2-4で示している通り，1939年に治療を提供する（クロールト含む）サナトリウムおよびパンシオナット（大人用）が10軒，休暇ホームおよび休暇パンシオナットが5軒建設され，キルギスでも転地療養学の実践が第3次5か年計画以降に始まった[24]．

　前述の赤十字社のイシック・アタ温泉クロールトは1919年に保健省の管轄

表 2-4　ソ連時代のキルギスにおける休暇施設数の推移（1939〜1986 年）

(軒)

施設の種類	1939	1965	1970	1980	1985	1986 年
治療を提供するサナトリウムおよびパンシオナット（大人用）	10	23	27	29	33	33
予防用サナトリウム	0	9	14	22	26	29
休暇ホームおよび休暇パンシオナット	5	32	86	64	59	59
休暇ベース	0	0	32	16	8	7
観光ホテルと観光ベース	0	4	5	9	8	9
合計	15	68	164	140	134	137

キルギス統計局資料により筆者作成

となり，第 2 次世界大戦中はキルギスの首都フルンゼや他の中央アジアから運ばれてきた傷病兵の治療に使われた（Denisov　1950）.

　第 2 次世界大後戦後のソ連の観光管理システムの再編と観光推進政策により，キルギスでも 1965 年までに治療を提供するサナトリウムおよびパンシオナット（大人用）が 23 軒に，休暇ホームおよび休暇パンシオナットが 32 軒に増加するとともに，予防用サナトリウムが 9 軒，観光ホテルと観光ベース 4 軒が建設され，休暇施設は 1939 年の 15 軒から 1965 年に 68 軒に増加した．1970 年には休暇施設数のピークを迎え，合計 164 軒になった．また，休暇施設の建設とともにクロールト・サナトリウム施設等では，当時の最新医学設備の設置，医療人材の育成等がされたことで，治療の質が向上した（Jyrgalbekov 1995）.

　1969 年にはインツーリストのキルギス支店と Sputnik 青少年海外旅行局のキルギス支局が開設された．キルギスはモスクワから 3,700km の距離に位置しているにも関わらず，鉄道によるアクセスが良好であり，全ソ連の観光流動では 2 位に位置していた．しかし，外国人観光客数は，インフラの脆弱性や宣

24　キルギスはソ連にとって実験の場でもあり，観光以外の開発も行われた．例えば，1943 年にイシック・クル湖東部に海軍基地が設立された．イシック・クル湖の透明度の高さと水深 600m という環境が軍事兵器の実験場に適しており，魚雷兵器，爆弾の実験が行われていた．そのためソ連時代イシック・クル地域は外国人立ち入り禁止地区であった．なお，イシック・クルの東部にロシア海軍の秘密基地が現在も存在し，魚雷実験が継続されている．

伝の少なさから，最下位のグループに入っていた．また，夏季の観光はイシック・クル湖の北岸に集中していた（Jyrgalbekov　1995）．

第 3 節 ▷ 資本主義化以降の観光

　キルギスは，1991 年 8 月 31 日に独立を宣言し，1992 年 5 月に憲法の制定，通貨ソムの発行をした．独立宣言後，キルギスは他の中央アジア諸国と異なり，自由市場経済と民主的社会の確立を選択した（Starr　2006）が，市場経済はかつてない衰退を経験し，1992〜1995 年に工業と農業の生産額がともに大幅に減少した（秋吉　2012）．そこで，天然資源のないキルギスは経済政策の一つとして観光推進を決め（Anderson　1999；Alymkulov ほか 2002），1999 年に「観光に関する法律（Law of Tourism）」を制定した（岩田ほか　2008）．キルギスは，歴史文化を代表する著名人の銅像の建立や，Rihter（1930）が提唱した「中央アジアのスイス」をアピールし，国境を接する中国，カザフスタン，ウズベキスタンとの差異化を図った．2000 年に入ると，観光による外貨獲得の議論が盛んになり，2007 年には観光庁（State Agency on Tourism）が独立機関として設置され，インバウンド観光に力を注ぐようになった（岩田ほか　2008）．

　インバウンド観光について研究した Schofield（2004）によると，キルギスの遊牧民としての伝統的な家での宿泊，キルギス人家族との交流，もてなし等のホスピタリティが外国人観光客に人気であるという．スイス政府と協力した「Helvetas Agro Project」の も と で 2000 年 に Kyrgyz Community Based Tourism Association が誕生し，地元の自然・レクリエーション資源をもとに持続可能なエコツーリズムが進められ，外国人観光客に民宿や伝統料理，ショー等を提供し始めた．このようなインバウンド客向けに農村地域でキルギスの伝統・文化を提供する観光が促進されたことが「まなざし効果」を生み，国内客向けにもキルギス遊牧生活習慣に基づくジャイロ（草原）観光が誕生した．[25]

　一方，Lysikova（2012）によると，ロシア人によるロシア国内旅行ではノ

スタルジー観光が流行している．ノスタルジー観光の動機となっているのは，ソ連時代に対して抱く肯定的な追憶であり，Lysikova（2012）は社会的記憶の伝説化と表現している．このソ連時代を偲ぶノスタルジー観光はキルギス国民にも当てはまる現象である．また，アウトバウンド観光については，Lysikova（2012）によると，ロシア居住のロシア人にとって「All inclusive」のトルコやエジプトへのパッケージ旅行が人気であり，観光先の選択や観光行動には観光客自身の経験，マスメデイア，インターネット，流行と宣伝が影響を与えているという．以上のようなLysikova（2012）が解明した観光の状況は，筆者によるキルギス国民へのインタビュー調査でも確認されており，詳細は第3章以降で述べる．

25　なお，「観光客」という言葉は，ロシア語およびキルギス語では以前から「турист ツーリスト」というが，あくまでも海外からの「турист ツーリスト」のことをいう．キルギス国民が国内で湖観光や草原観光をしたり，外国旅行をした場合は「休んでくる，休暇を過ごしてくる」の方が一般的な言い方である．例えば，資本主義化以降，イシック・クル湖畔には民宿からホテルまでが建設され，観光が発展している．民宿やホテル従業員はそのホテルに宿泊しているキルギス国民のことを「お客さん」あるいは，「otdyhayushiiy（休んでいる人，休暇を過ごしている人）」というが，外国人の場合は「ツーリスト」という．

第 **3** 章

キルギスにおける
社会階層と観光

　キルギスでは，ソ連時代と資本主義化後とでは社会制度や経済システム等が大きく異なるため，人々が所属する社会階層にも，人々が経験する観光にも両時代の間には大きな差異が見られると考えられる．そこで第3章では，ソ連時代における社会階層と階層ごとの観光の特徴，および資本主義化後の現在における社会階層と階層ごとの観光の特徴をそれぞれ明らかにする．しかし，第3章の結果だけでは，ソ連時代と現在の間に分析の空白が生まれる．そこで，第4章でソ連時代から現在までの社会階層間移動や個人の観光経験の変容をライフヒストリーにより分析することで，この空白を埋める．

　第3章で分析するのは，87人のキルギス国民へのインタビュー調査結果である．インタビュー調査は2013年8月，2014年8月，2014年10月にキルギスの3個所の温泉クロールトおよび湖畔別荘地で行った．具体的には，図1-1で示したキルギスにある①帝政期に赤十字社によって建設され，ソ連時代に労働組合に経営移管された，首都ビシュケクから60kmの距離にあるイシック・アタ温泉クロールト（写真3-1；調査対象者23人），②1979年に共産党専用施設としてイシック・クル湖畔に建設されたオーロラサナトリム（写真3-2；調査対象者57人），③資本主義化以降に誕生したカルヴェン別荘地（写真3-3；調査対象者7人）である．この87人全員がソ連時代を経験し，その記憶を有する者である．そして彼らの社会主義時代と資本主義時代の職業，学歴，民族構成，移住地を比較することで，二つの時代の社会階層を把握するとともに，それぞれの時代に彼らが実施した観光を複数回答で調査した．これら3個所は庶民的なものから高級なものまであり，滞在費用からみても，訪れる観光客はキルギス国民の社会階層を網羅することができる．

　3個所で合計87人に対して，考えられうる観光活動をリストアップした調査票を用いて，ソ連時代と現在の職業と，両時代に経験した観光の種類を把握した．同時に観光経験に関するインタビューも行い，両時代における社会階層別の観光を解明するための補足資料とした．なお，ソ連時代と資本主義化以降の観光を比較するために，調査対象者は両時代ともキルギスに在住する者に限定した．調査対象者87人は2013年～2016年の調査時点で30代が5人，40代が5人，50代が15人，60代が46人，70代が15人であり，いずれもソ連時代を経験している．

写真 3-1　イシック・アタ温泉クロールトの利用者

2014 年 8 月，筆者撮影

写真 3-2　オーロラ湖・温泉リゾート

2014 年 8 月，筆者撮影

写真 3-3　資本主義化以降に誕生したカルヴェン別荘地

2014 年 8 月，筆者撮影

第 1 節 ▷ キルギスにおける社会階層

　ロシアの経済学者 Zaslavskaya は全ロシア市民意識調査センターによる
1993 年から 1995 年までの社会・経済変化モニタリング調査をもとに，ソ連時
代と資本主義化後のロシアにおける社会階層区分を試みた．本研究でも両時代
の社会階層は Zaslavskaya（1995）の階層区分にならっている．Zaslavskaya
（1995）によると，ソ連時代には私的所有の経済的な指標となるものが存在し
なかったため，明確な社会階層の分け方がなかった．一方で，権力が社会的地
位を表していたため，支配的権力を持つ共産党書記局・政治局局員や工場長，
ソフホーズ・コルホーズ長等からなるノーメンクラツーラという者たちがエ

26　ソフホーズとは，ソビエト経済集団農場（ソヴェトゥスコエ・ホジャイストゥヴォ sovetskoe
　　hozyaistvo）の省略形であり，国が生産手段を所有・管理する農業企業の一種であった
　　（Belovinskiy 2015）.
27　任命職名表（共産党・ソビエト等の上級機関によって承認される一連の任命職のリスト）に記載
　　される特権階級である（研究社露和辞典　1988）.

リートとされた．本研究ではノーメンクラツーラのみならず管理職の全てをエリートとした（表3-1）．調査対象者のうちエリートは13人該当したほかに，教師や医者等から形成されるインテリが37人，商工業を中心とする労働者が15人，コルホーズやソフホーズで働く農民が10人分類された．

　しかし，ソ連崩壊以降に行われた経済改革・民営化に伴い，社会的地位を示す指標は権力に限るものではなくなった．つまり，収入レベル・財産所有や，経済活動の実行能力もが，社会階層区分の指標となったのである．これらの指標をもとにZaslavskaya（1995）は資本主義化後のロシアの社会階層を，上級階層，中間階層，基礎階層，下流階層の4つの階層と社会的下層民 underclass に分けた．彼女によればこれらの社会階層区分は旧ソ連の国々にも当てはまるという．

　まず，上級階層（全ロシア国民の6%，以下同じ）とは，政治指導者，国家機関のトップ，将軍，企業や銀行のトップ，成功した起業家やビジネスマン，文化人等で構成される．彼らは新興富裕層とも呼ばれ，改革のプロセスへの影響力も絶大である．しかし，Zaslavskaya（1995）は，一般的な資本主義社会の新興富裕層は，自力でビジネスに成功した企業オーナー等であるのに対して，旧ソ連の国々における新興富裕層は，ソ連時代にノーメンクラツーラであった者の6，7割と，工場や企業の社長がそのまま移行して構成されているため，正当性・尊敬・権威といったステータスを持たないと指摘する．また，キルギスでは部族閥や閨閥のトップも新興富裕層を構成する場合があることをMusabaeva（2012）は指摘する．本研究では，大学卒業以上の学歴があり，3,000US$以上の収入のある者を新興富裕層（本論の調査では該当者9人）とする．

　中間階層（18%）とは，中小企業経営者，中間管理職の官僚，上級役員，知的職業家，農業従事者の一部，最も優秀な従業員等であるが，中間階層の大半は十分な資本の所有や社会的名声がない．一般的な資本主義社会における中間階層とは，主として都市住民で，社会の基本とも言える最も安定した部分であり，民主主義と市民社会の要塞であるとされる．しかしキルギスは，NGOが2007年に行った調査によると，邸宅，車，携帯電話，パソコン等の所有から判断すると中間階層が国全体で10%を占めたが，その大半は村住民であり，

表 3-1　ソ連時代（1970～80 年前半）における社会階層別にみた観光

単位：人（%）

観光の性格		観光	エリート	インテリ	労働者	農民	学生	子供	合計
政府主導のもの	選択的な配給	海外旅行（資本主義国・社会主義国）	8 (61)	2 (5)					12
		クロールト旅行（温泉施設、保養地等湖畔休暇ホーム等）	12 (92)	13 (35)	2 (13)	1 (10)			29
		ダーチャ（夏用別荘）注	7 (54)	24 (65)	11 (73)				36
		子供キャンプ（ピオネール・ラーゲリ）旅行			10 (66)			2 (40)	2
		農業・建設集団活動	8 (61)	36 (97)	2 (13)	6 (60)	6 (86)	3 (60)	55
	定期的な挙行	パレード参加・鑑賞	13 (100)	37 (100)	15 (100)	6 (60)	7 (100)	5 (100)	80
中間的なもの		ソ連国内観光（キルギス国外）	13 (100)	20 (54)	9 (60)	4 (40)	4 (57)	1 (20)	50
		登山観光	4 (31)	15 (40)	9 (60)	3 (30)	2 (28)		30
		オペラ・演劇・バレー	13 (100)	26 (70)	12 (80)	1 (10)	3 (43)		50
		コンサート・映画・ダンス	6 (46)	34 (92)	15 (100)	10 (100)	7 (100)	4 (80)	73
		集団遠足（近場川や公園）	13 (100)	34 (92)	12 (80)	6 (60)	7 (100)	4 (80)	74
		祭り（伝統的・ソ連のもの）	13 (100)	37 (100)	15 (100)	10 (100)	7 (100)	3 (60)	82
		ハンティング	1 (8)						1
自由に行えるもの		草原観光（親族・知人）	3 (23)	2 (5)	1 (6)		1 (14)	2 (40)	8
		スケート（自然＆施設内）	5 (39)	2 (5)	1 (6)	1 (10)	1 (14)		10
		冬の観光レクリエーション：スキー、そり	4 (31)	2 (5)	5 (33)	1 (10)	1 (14)	1 (20)	11
		大型デパート＆バザール買い物	5 (39)	5 (13)	2 (13)	1 (10)	1 (14)		14
		湖観光（親族・知人宅：湖水浴・日光浴）	7 (54)	6 (16)	2 (13)		1 (14)		15
		川・湖魚釣り	4 (31)	7 (19)	5 (33)	1 (10)	1 (14)		18
		アウトドアキャンプ旅行（遠くへ）	2 (15)	18 (49)	12 (80)	1 (10)	2 (28)		32
		神聖地への旅行			1 (6)	1 (10)			2
		トイ・アッシュ（Toi Ash）：（家族・親戚・親族・友達）や知り合いのイベント	13 (100)	27 (73)	9 (60)	7 (70)	4 (57)	4 (80)	64
		インタビュー対象者	13 (100)	37 (100)	15 (100)	10 (100)	7 (100)	5 (100)	87

（インタビュー調査により筆者作成）

凡例　61～80%：明朝　81～100%：ゴシック体

注：社会階層区分は Zaslavskaya（1995）による

ビシュケク市民は 18% のみであった（Almakuchukov ほか　2007）．キルギス
の中間階層はいまだに政治・経済活動や雇用等で部族閥や閨閥に縛られたり，
それらを活用したりする（Musabaeva　2012）．本研究では，上述した職業に
従事し，大学卒業以上の学歴を有し，500〜3,000US\$ の収入がある者を中間階
層（本論の調査では該当者 18 人）とした．

　基礎階層（66%）とは，主な収入源は国からの給料であるため，彼らの生活
は国に大きく依存している．医者，教師，研究者等のインテリの大半，熟練労
働者，エンジニア，サービス業者，農民やホワイトカラー，ブルーカラー労働
者から構成される．この層の多くは収入が少ないため貧困生活を送っている．
本研究では，収入が 500US\$ 未満の者で，高等教育を受けたものを基礎階層
（18 人）とする．

　下流階層は，警備員，保守作業員，清掃員等専門的な知識を必要としない職
業の労働者で構成される．3 分の 1 は貧困生活を送っており，4 分の 1 は最貧
困層である（Zaslavskaya　1995）．本研究では収入が 500US\$ 未満で，基礎階
層と異なり学歴が低い者を下流階層（本論の調査では該当者 42 人）とする．
なお，Zaslavskaya（1995）は上記の階層の他にアルコール中毒者，売春，ホー
ムレス等を「社会的下層民」に分けたが，本研究の調査対象者の中にはこの層
に該当する者が存在しなかった．

第 2 節　社会階層別にみたキルギス国民の観光

1　ソ連時代における社会階層別の観光

　表 3-1 は，調査対象者 87 人がソ連時代（主として 1970〜1980 年代前半）に
所属していた社会階層と，当時経験した観光との関係を示したものである．第
2 章 2 節 2 項で述べたように，ソ連時代における観光は政府主導によるもの
（受動的休暇施設への観光．中央・地方政府から選択的に配給されるものと，
中央・地方政府により定期的に挙行されるもの）と，自由に行えるもの（自発
的な観光），そしてそれらの間の中間的なものが存在した．政府により選択的

に配給された観光とは，中央・地方政府に定められた規則に従って選ばれた人に配給されたものであった．一方，政府により定期的に挙行された観光とは制度的に設定されたものであり，半ば強制された農家活動への参加や，旗や風船等の持参品まで指定されたパレードへの参加等がある．後述するように，これらの観光への参加者は半強制的な活動の中にも楽しみを見出していた．自由に行える観光は誰もが原則として自分の意思で行なえた観光である．中には，少額の料金が必要なものも含まれるが，ソ連時代は階層間の収入格差が小さかったため，誰もがこれらの観光を享受することができた．そして，両者の中間的なものとしてソ連国内の観光や，オペラ等の観劇鑑賞，ピクニック等が含まれる．例えば，オペラ等には配給されるバウチャーと，自由に購入できるバウチャーが混在していた．しかし，表3-1を詳しく見ると，それぞれの観光の享受には社会階層によって差異が存在したことが分かる．

a) 政府主導の観光

a-1. 政府により選択的に配給された観光

　まず，ソ連時代の観光の中でもっとも社会階層間格差の激しかったものは87人中12人が行った社会主義国・資本主義国への海外旅行である．内訳を見るとエリートが13人中8人（61%）も経験しているのに対して，インテリは37人中2人（5%），労働者が15人中2人（13%）しかいない．さらに，そのうち資本主義国へ出かけたのはフルンゼ（現ビシュケク）にある共産党の上層と工場技術者のエリート（ノーメンクラツーラ）2人のみであった．

　第2章の第2節2項ですでに述べたように，ソ連時代には海外旅行というのは容易なものではなく，認可と厳しい手続きを経る必要があった．

　　外国には仕事の出張で政府の高級官僚や共産党上層部（特に中央のノー
　　メンクラツーラ）や工場の所長，技術者のみが行く程度であった．または，
　　団体ツアーで，主にポーランド，ブルガリア，チェコスロバキア，ルーマ
　　ニアといった東ヨーロッパへの旅行やワルシャワ条約加盟国への旅行に行
　　く者もあったが，西欧資本主義国への旅行は極めて稀だった．私自身もキ
　　ルギスの観光連盟の会長を1974～1984年まで務めたにも関わらず，海外

旅行に行くことができなかった．なぜならば，軍事製品を生産する工場に勤めていたため，ソ連政府から認可が下りなかったのだ[28]（インタビュー対象者 No5. キルギス国籍ロシア人男性，76歳）．

　以上のように，資本主義国への海外旅行には制度的な制限があった．この制限の目的は「腐敗とモラルの低下を引き起こす欧米文化」がソビエト連邦国民に衝撃を与えないようにするためであり（ダダバエフ　2010：242-244），外国に行く人はモラルや思想に関して面接を受け，外国へ行くに相応しい人物なのか評価されなければならなかった．つまり，政府により選択的に配給された観光では，当時の資本主義国の生活スタイルや価値観等が浸透しないよう意識されていたと考えられる．

　ソ連時代にフルンゼで衣類のアトリエの所長を務めたエリートは，当時の社会主義国への観光とその仕組みについて次のように語っている．

　　私が働いた工場には労働者や技術者，経理等のさまざまの分野の代表者が参加する委員会があった．その委員会の会議で労働組合から届いたバウチャーが労働者に配給された．労働者は希望の旅行先をあらかじめ申請できたが，委員会がバウチャーの旅行先を決定していた．バウチャーで行ける旅行先はキルギス国内のクロールトから社会主義国まで幅広かった．また，登山観光は工場内に設置された登山観光サークルに入会すれば，誰でもバウチャーなしで参加できたが，クロールト旅行に比べ行く人は少なかった．私も1986年に社会主義体制国のチェコスロバキアへ，1988年に東ドイツへ観光ツアーに妻と参加した．そのほかにソ連国内観光ツアーへの参加や登山観光もたくさんできた．（インタビュー対象者 No6. キルギス国籍のロシア人男性，74歳）

　以上のように彼の話からインタビュー対象者 No6. も，社会主義国へのツ

28　インタビュー対象者 No5 は 1974〜1984 年にボランティアでキルギスの観光連盟の会長を務めており，登山観光やソ連内の観光の機会が多々あった．さらに，普段の仕事が工場技術者であったため，賃金も高く，ソ連時代の政府主導の自発的な観光を大いに経験した人物である．

アーやソ連国内旅行を多く経験できていたが，労働者でも社会主義国へバウチャーで訪問していたという．同様の状況はソ連時代にキルギス国立コンピューターセンターのオペレーターであったインタビュー対象者 No8.（キルギス国籍ロシア人女性，63歳），縫製工場の衣類職人であったインタビュー対象者 No7.（キルギス国籍ロシア人女性，66歳）からのインタビューでも確認できる．いずれもソ連時代は労働者であったと認識し，ソ連時代の観光にノスタルジーを感じている．例えば，インタビュー対象者 No8. は当時の社会主義国への観光を次のように思い出している．

　　所属していたコンピューターセンターの労働組合からバウチャーをもらい，1976年にチェコスロバキア，1983年に東ドイツへの団体ツアーに参加した．バウチャーは安価で現在の海外旅行と比べると手頃な値段だった．例えば，チェコスロバキア観光バウチャーはモスクワから飛行機で訪問する15日間のパッケージツアーが54ルーブルであり，東ドイツへの観光バウチャーは86ルーブルであった．フルンゼからモスクワまでは飛行機で51ルーブル，汽車で29ルーブルであったが，当時の私の給料は月180ルーブルであったため，モスクワまで飛行機に乗って行くことができた．ツアー参加人数は少ない時は12人，多い時には24人であり，キルギスから8人が行った．チェコスロバキアでは8つの都市を，東ドイツでは6つの都市を観光して楽しかった．観光にかかる費用はバウチャー料金に含まれていて，とても安かったと思う．社会主義国へのツアー参加は労働組合から届いたバウチャーを購入しなければならなかったので，他の労働者はそれほど頻繁に行こうと思っていなく，希望者が少なかったので，海外旅行のバウチャーを購入するように頼まれる場合もあった．しかし，現在，海外旅行はおろか，イシック・クル湖や温泉クロールトのバウチャーが高騰し，月額7,000ソム（約110US\$）の年金だけではとても買えない状況で，娘の経済的援助があってオーロラでの休暇が可能になっている．

　以上のように，1970〜80年代前半は労働者もバウチャーが配給され，社会主義国への海外旅行に出かけたが，バウチャーの数が制限されていたことと，

ソ連政府による宣伝も少なかったことが原因で，当時は一般的な旅行先ではな
かったことが伺える．また，1970〜80 年代前半のキルギス国民の平均給料を
見ると（表 3-2），医者や教師の給料は 120〜150 ルーブル，運転手，経理等の
労働者は 80〜130 ルーブル，一般工場労働者は 100〜250 ルーブル，工場の社
長は 250〜500 ルーブル，書記は 250〜500 ルーブルであったため，バウチャー
を得る機会があっても，給料の高い者の方が行きやすかったと考えられる．

　また，インタビュー対象者 No7. もチェコスロバキアと東ドイツに 1988 年
に旅行したが，旅の目的は当時ソ連になかった物資の入手であり，チェコスロ
バキアではシャンデリアやガラスの花瓶，テープレコーダーを買って帰ったと
いう．当時の彼女の月給は 110 ルーブルであったが，工場の社長を務めた夫と
出かけたので，経済的な余裕があった．つまり，海外旅行は，ソ連国民にとっ
て，現在の海外旅行の感覚を超えた，厳しい試練を乗り越えなければ獲得でき
ないものであり，その試練を越えれば，海外旅行を利用して物質的な生活向上
にもつなげられたと考えられる．

　海外旅行の次に，経験が上位の社会階層に偏っていた観光はクロールト旅行
である．前述したように，帝政時代のクロールト滞在客は上流階級に限られて
いた．しかし，ソビエト連邦樹立後，クロールトは社会主義体制の果実の一つ
として労働者に提供されるようになった．

　しかし，これは建前であり，実際にクロールト旅行[30]に最も高い割合で行って
いたのはエリート（13 人中 12 人，92%）であった．当時のエリートは特権を
利用してクロールト旅行を経験していた．ソ連時代にクロールト旅行に頻繁に
行っていた当時のエリート A 氏も「クロールト旅行には労働組合からバウ
チャーをもらって行った．しかし，誰でも行けるものではなく，仕事で成果を
上げた者のみが行くことができた．」と述べたことから，クロールト旅行はプ
レステージがあったと考えられる．一方で，当時のエリートの中にはインタ
ビュー対象者 No4.[31] のように「コネ」を使ってバウチャーを手に入れた人もい

29　絵野沢（1965）によると 1965 年のソ連の平均給料は，大学出の初任給が平均 100 ルーブルで，
　　工員が 100〜130 ルーブル，企業長は 400〜500 ルーブルであった．

30　オーロラはサナトリウムと名付けられていたが，全ての人々が豪華な設備が完備されたオーロラ
　　をクロールトだと認識していたため，本研究ではオーロラをクロールトに含めている．

表 3-2　ソ連時代のキルギスにおける平均月給 (1970〜80 年代前半)

（単位：ルーブル）

社会階層		国レベル（注2）	州レベル	地区レベル	
				標高 2000m 以下	標高 2000m 以上
エリート	書記	400〜500	350〜400	250〜300	給料に＋50%
	医長	120〜150	100〜150	100〜150	給料に＋50%
	工場社長		250〜500		
インテリ	医者	120〜150	100〜150	100〜120	給料に＋50%
	学校先生	100〜150		100〜120	給料に＋50%
労働者（注3）	技術者			200〜400	
	一般工場労働者			100〜250	
	運転手、経理等			80〜130	
農民	チャバン（コルホーズ・ソフホーズの家畜の面倒を見る人）				給料＋肉や家畜の毛生産品質やノルマによって1か月分のボーナス。お金がない時、家畜で給料やボーナスを支給（年収 2000〜3000）
	スガトゥチ（コルホーズ・ソフホーズの畑の水やりを管理する人）			130〜140	給料＋収穫時に小麦粉等を支給

インタビューにより筆者作成

注1：給料は働く人のカテゴリー（上級⇒第1⇒第2）によって異なる

注2：国レベル勤務は首都在住である

注3：工場は生産力向上により＋40%、労働者の技術によって支給 40%〜100%

る．インタビュー対象者 No4. は，「バウチャーだけでなく，家，車，毛皮の
コートやクリスタル食器といった物も「コネ」を通していち早く手に入れるこ
とができた．」と述べており，ソ連時代ではエリートが，あらゆるものをいち
早く手に入れていたことが推測される．つまり，ソ連時代は観光をするために
「コネ」も大事であり，92% のエリートがクロールトに出かけたのも，身近な
権力者と彼らへのコネを入手しやすかったためと考えられる．

　クロールト旅行でエリートの次に高い割合を示したのは労働者（15 人中 11
人，73%）である．クロールト旅行に行った労働者の多くはキルギス国籍のロ
シア人であり，キルギスではロシア人の工場労働者もエリートの次に優遇され
ていたことが推測される．

　ソ連時代，クロールト旅行と同様にプレステージの象徴であったものにダー
チャ（夏用別荘）がある．本研究のインタビュー対象者 87 人中 36 人がソ連時
代にダーチャに行っており，内訳はエリートが 13 人中 7 人（54%），インテリ
が 37 人中 24 人（65%），労働者が 15 人中 10 人（66%）である．なお，ダー
チャはフルンゼ住民を中心に配給されたので，37 人中 10 人がフルンゼ市外に
居住していたインテリは，あえてダーチャを利用しなかったと考えられる．当
時フルンゼ在住でダーチャを与えられた工場労働者・観光連盟会長（1974〜84
年）（インタビュー対象者 No5.）がダーチャについて次のように思い出してい
る．

　　軍事物資工場で働いていたが，仕事の成果等が認められ，1980 年に与
　えられたフルンゼ郊外の土地に自分で小さな夏用の家を建て，イチゴや
　キュウリ，トマト等の農作物を植えた．軍事工場で仕事をしていたので海
　外旅行は禁じられたが，ダーチャが与えられて，趣味の登山観光にもたく
　さん行けた．工場の観光サークルのインストラクターやボランティアで観
　光連盟会長まで務めた．

以上のように労働者であっても，仕事上の社会への貢献があれば，ダーチャ

31　No4. インタビュー対象者はソ連時代に大学教員を務めた 1954 年生まれのキルギス人男性で，
　　現在の職業は公務員である．

をいち早く入手できていたことが伺える．しかし，ソ連時代の工場労働者の中には違法でダーチャを買った者もいた．以下でその証言を記す．

　　　1970〜80年代前半に，ダーチャは流行ったが，なかなか手に入れられないものであった．夏になると町はとても暑くなってしまうので，家族のためにもダーチャが欲しく，知り合いがダーチャを売るとなったときに，私が500ルーブルで買った．ダーチャでは，家族や近所の人たちと集まりサモワールのお茶を飲んだり，外でカザン（釜）を設置し，薪で火を焚いてご飯を作って食べたりして，夜まで楽しんだ．隣に川があったので子供たちを連れて魚釣りにも行った．近所では野菜や果物の他に，食用として鶏やウサギ等を飼う人たちもいた．また，趣味で家の屋根でハトを飼う人もいた（インタビュー対象者No11．74歳，キルギス人男性，ソ連時代に国立大学教員）．

　また，インテリの中には政府の政策を背景としてダーチャを無料で与えられた者がいた．前述したとおり，ソ連では，新しい考えに忠実なソビエトインテリゲンツィアという，薬剤師，教師，医師，エンジニア，農民等高等教育を受けた人々を創出する政策が積極的に推進された．ソ連形成当初も研究者や作家等のインテリに対してダーチャをより多く分配しており，1970〜80年代前半においてもソ連政府はインテリに対してダーチャを優先的に配分することで彼らの創出を進めていたことが推察される．

　また，ソ連政府はダーチャ協同組合を通じて土地を国民に分配した．土地の分配には仕事の成果や家族構成が重要視され，共産党幹部のエリートや軍事企業の労働者等には川沿い等の環境の良い土地が，他の者には一から耕す必要のある山に近い土地が分け与えられた．分配されてからしばらくは，夏季になると毎週末ダーチャに出かけ，農地を整備したり，家を作ったりした．農地ではきゅうり，トマト，キャベツ，人参，ビーツ，青ネギ等の野菜や，りんご，梨，ラズベリー，イチゴ，ブルーベリー等の果物を栽培していたことから，ソ連政府が無料で分配したダーチャは食料不足も補う狙いもあったと考えられる．それが次第にジャムやピクルス等の冬の食料確保や，近隣の川での釣り，近所と

の交流，20〜30 日間にわたる長期間の夏休みといったように，ダーチャでの過ごし方が多様化していった．なお，『ダーチャ』というソ連映画（1973）にも出てくるようにダーチャは当時のソ連民が自由に自分のことができる場所，いわゆるソ連システムからの逃げ場としても利用されていた．例えば，ソ連時代に認められなかったロックミュージシャンはダーチャで小さなコンサートを開いていた．こういったダーチャでの観光は当時の都市住民にとってプレステージを意味する観光であったと言える．

　次に，子供キャンプ（ピオネールラーゲリ pioner lager）旅行について分析する．ピオネールラーゲリ（pioner lager）とは，労働組合，機関，企業により組織されたピオネールおよび学校の生徒（7 歳から 15 歳まで）のための教育施設およびレクリエーション施設であり（Belovinskiy　2015），ソ連各国の湖畔や黒海等の自然豊かな場所に設置され，夏季休暇 3 か月間のうち 2 週間から 1 か月間滞在できた．インタビュー対象者の中に子供キャンプ（ピオネールラーゲリ）旅行経験者が 2 人確認された．子どもキャンプ旅行のバウチャーは両親の仕事先で労働組合から配布された．あるいは，成績の優秀な子供たちが学校から選ばれて行くこともあった．

　インタビュー対象者 No41.（44 歳，男）も T 州，K 村の学校に設置された子供キャンプ（ピオネールラーゲリ）旅行に行った．当時の子供キャンプ（ピオネールラーゲリ）旅行での経験について以下のように話している．

　　アルテックとイシック・クルの子供キャンプ（ピオネールラーゲリ）旅

32　ピオネールとは，ソ連時代の共産少年団員で満 10〜15 歳の少年が対象であったが（研究社露和辞典　1988），インタビュー調査によると最も早くピオネールになれたのは成績の良い生徒や学校での態度が良い生徒であった．

33　1920〜30 年代の子どものキャンプはキャンバステントに宿泊し，焚き火で調理をするなど，小さな一時的なキャンプであったが，後に遮光小屋や時には 2 階建ての大型住宅がいくつも建設されるようになった．子どもキャンプの多くは田舎に設置されたが，1960 年代から町の学校に付属したキャンプが建設され，技術習得のサークル活動やスポーツサークル活動，芸術的なアマチュアパフォーマンス，川遊びやベリーの森への遠足，キャンプ地を知るための長時間の遠足等が行なわれた．子どもキャンプは各 8 日間滞在の 3 部構成で，最大 24 日間の滞在が可能であった．各部の開会式や閉会式では大規模な「ピオネール」の焚き火やスポーツ選手のパフォーマンス，子供たちのゲーム等が行なわれた．子供たちの健康が管理され，食事も十分に摂れた（Belovinskiy　2015）．

行にも行きたかったが，バウチャーがもらえなかったので行けず，幼い頃
住んでいた地域の子供キャンプ（ピオネールラーゲリ）旅行に行った．バ
ウチャーは母方の伯父が仕事先からもらったものである．しかし，その伯
父の子供たちはまだ小さかったため，バウチャーを私に譲ってくれること
になり，私は幸運だった．子供キャンプ（ピオネールラーゲリ）旅行には
14歳と15歳のときにしか行っていないが，その時の経験はいまだによく
覚えていて，30歳までその経験にノスタルジアを感じていた．なぜなら
ば，子供キャンプ（ピオネールラーゲリ）旅行は私にとって子供時代の中
で最も楽しい思い出を残してくれたからだ．最も楽しかったことはゲーム
をたくさんしたことだ．また，友達やそこにいたピオネールリーダーや先
生たちの態度，環境，空気，食べ物がどこよりも素晴らしかった．子供
キャンプ（ピオネールラーゲリ）旅行から帰ってきたら，すぐに私が住ん
でいた場所は寒くなって，子供キャンプ（ピオネールラーゲリ）旅行がし
ばらく恋しくなった．学校よりたくさんのことができて楽しかったのであ
る[34]．

　以上のようにインタビュー対象者No41.は親戚からもらったバウチャーで
子供キャンプ（ピオネールラーゲリ）旅行に参加した．一方，インタビュー対
象者のB氏は小学6年生のときに，成績優秀であったためソ連最高級の子供
キャンプ（ピオネールラーゲリ）旅行であったアルテックに行った．
　子供キャンプのほかに，子供サナトリウムと少年スポーツ・労働キャンプも
存在した．少年スポーツ・労働キャンプには15歳から17歳までの都市在住の
子供が参加し，登山や農家の仕事の手伝いもプログラムに組み込まれていた．
農村地域の子供たちも，コルホーズの一員として夏季休暇中に農村の仕事に従
事しなければならなかったという．インタビュー対象者のA氏，B氏，C氏
も子供のころ，タバコ畑での作業や，羊の毛を刈る仕事に従事した．

34　なお，子供キャンプ（ピオネールラーゲリ）旅行のバウチャーシステムは現在でも残っているが，
　　現在は現金でもバウチャーが購入可能になっている．

a-2. 政府により定期的に挙行された観光

　ソ連政府により定期的に挙行された観光の一つに農業・建設集団活動が存在
した．学生7人中6人（86％）が，インテリ37人中36人（97％）がこの活動
を経験したのに対して，エリートは13人中8人（61％）しか経験していない．
インテリ層の経験率が高かった理由としては，インテリ層が国に自らの仕事遂
行能力を示さなければならない立場にあり，この活動で成果を上げれば，エ
リートになれる可能性を秘めていたことが考えられる．一方，エリートはすで
に制度的に立場が保障されているため，この活動を経験しなくてもすんだのだ
と考えられる．つまり，農業・建設集団活動とは，学生やインテリが夏・秋の
農業作業や夏の建設作業を手伝う活動であると言える．その際，作業とともに
作業場近くの町の観光や地域との交流，建設集団活動で知り合った人との結婚
がされており，農業・建設集団活動は当時の学生やインテリ層にとって，楽し
みの一つであったという．A氏も大学生時代に建設集団活動と農家活動に頻
繁に参加し，ウズベキスタンを観光したり，新しい友達を作ったり，ギターや
歌，映画等を友達と楽しむという現在では見られない活動をしていた（アコマ
トベコワ　2015）．

　また，農業・建設集団活動はソ連内で行われ，モスクワで勉強する学生はそ
こから遠い場所に行かされたことが多かったという．例えば，モスクワ工科大
学1，2年生時（1976〜1977年）に建設集団活動を行ったインタビュー対象者
No4.は当時の建設集団活動や，そこでの休暇と楽しさを次のように振り返っ
ている．

　　建設集団活動にモスクワ工科大学の1年生と2年生のときに行った．1
　年生の休暇中にモスクワ郊外にある石油工場の周辺で働いたが，給料は安
　かったのでほとんど食事に使っていた．2年生のときにタイミール半島の
　タルナ村に行った．仕事は病院周辺にパイプラインを敷設するための溝を
　掘ることであった．掘削機で掘削した土が永久凍土に達したら，機械に代
　わり私たちがジャックハンマーで掘った．永久凍土の厚さは1mだった．
　キルティングジャケットとターポリンブーツを着て，虫よけクリームを
　塗って働いた．私は午前中に働くシフトだったので，午後の休みの時間に

友達と森に行ったり，町に出かけたりした．給料は7月と8月の2か月で1,000ルーブルであった．当時の大学教員の給料は125ルーブルだったので，それよりもはるかに良い給料をもらって帰った．他の学生は鉄道や道路建設でも働いた．

以上のように制度的に大変な仕事をしながらも，そこから国民が楽しみを感じていたこの活動は，ソ連特有の観光であったと言えよう．そのため，資本主義化以降はこの活動自体が存在しないものとなった．

5月1日のメーデー，5月9日の勝利記念日，11月7日の社会主義革命の記念日に行われていたパレードにはキルギス国民のほぼ全員が参加していた．エリート，インテリ，労働者，学生や子供の経験率は100%であり，農民の経験率も5月と11月が農作業の忙しい時期にも関わらず半分以上の60%に達している．パレードは首都フルンゼをはじめ各州都および地区行政の中心都市で行[35]われ，参加者の多くが親戚や知人の家に泊りがけで出かけた．そのため，ソ連時代のパレードとそれに付随する祭りは国民が一体となって行う国民的な観光と考えられる一方，100%の参加であるパレードは制度的・強制的な観光であったと言える．

b) 中間的な観光

中間的な観光とは，前述したような共産主義の理念のプロパガンダや，国民を手懐けるような共産党幹部の意図を広めるために使われた政府主導の観光の要素と，自由に行える観光が組み合わさったものであり，次のような特徴を持っている．

まず，中間的な観光の一つはキルギスを除くソ連内14か国への旅行である．表3-1を見ると，ソ連国内旅行はエリートが13人（100%），インテリが37人中20人（54%），労働者が15人中6人（60%），農民が7人中4人（40%），学生が7中人4人（57%）経験しており，強い制限があったソ連外への海外旅行と比較すると，いずれの社会階層も比較的自由に行っている．第2章で述べた

35　地区（ラヨン rayon）は州の下位レベルの行政区であり，その空間的範囲は日本に当てはめると市町村の上位レベルの郡に相当する．

とおり，ソ連国内旅行の形式は特定の観光地を巡るツアーが多々あり，労働組
合を通して無料でもらえたこともあるという．また，ツアーに参加しなくても，
汽車やバス，飛行機等のバウチャーを買って，ソ連内に住む親戚や友達を訪問
したり，海水浴・湖水浴をしたりたりしたという．つまり，ツアーがつくられ
たソ連内の観光は社会主義の理念を広める要素が含まれていたと読み取れるが，
強制的ではなかったので，ツアーに参加しない者もソ連国内を自由に行くこと
ができた．このことからソ連国内の旅行は中間的な旅行であったと言える．バ
ウチャーでソ連国内ツアーに年に1回ほど参加したロシア人の労働者女性（イ
ンタビュー対象者 No7.）は当時の観光を次のように振り返っている．

　　　私は1年に1回バウチャーをもらい夫とソ連国内ツアーに参加した．ツ
　　アーは12人から24人であり，フルンゼから始まり，モスクワ，レニング
　　ラードや，ソチ，バルト海やグルジア等，ソ連内のほとんどの場所を見た．
　　今はロシアにも行けないが，ソ連時代はどこでも行けて楽しかった（イン
　　タビュー対象者 No7，キルギス国籍ロシア人女性，66歳）．

　インタビュー対象者 No7．から提供されたソ連国内ツアーで撮影された集合
写真に写る人を見ると，1人以外がロシア系の人であり（写真 3-4），当時はロ
シア人優先にバウチャーが配給されたことが推察される．
　オペラは首都フルンゼのオペラハウスで行われたことから，観光の要素を含
んでいた．演劇も，村への巡回劇団があったものの，フルンゼや各地区の中心
都市の劇場でより本格的なものを鑑賞できた．オペラと演劇の経験者数をみる
と，エリートが13人中13人（100%）であるのに対して，インテリが37人中
26人（70%），労働者が15人中12人（80%），農民が10人中1人（10%），学
生が7人中3人（43%）であるから，エリートとインテリの文化的な観光にも
違いが認められる．
　ソ連時代は近場の川や公園への集団遠足が盛んに行われており，ほぼ全員
（エリート13人（100%），インテリ37人中34人（92%），労働者15人中12
人（80%），農民10人中6人（60%），学生7人中7人（100%），子供5人中4
人（80%））が行っていた．集団遠足では家族や友人，職場仲間，同郷の者等，

**写真 3-4　インタビュー対象者 No7. のソ連
国内ツアー（1979 年）**

さまざまな人との自然への触れ合いが自由に行われていたと，インタビュー対象者の多くが語る．また，全国的に手頃な値段で利用できるキャンプが設置されていた．すなわち，集団遠足は政府主導で提供された観光であるとともに，ソ連民が自由に利用するコミュニケーションツールでもあった．

「祭り」も同様で，すべての階層で100% の参加率である．祭りは通常，パレード開催日に，パレードの後に行われていた．例えば，広場でのコンサート，各民族の歌や踊り，そして競馬場でのキルギスの伝統的な乗馬ゲーム観戦がある．祭りはパレードと異なり，強制参加ではなかったが，誰もが楽しみにしていたことから国民的な観光だったと考えられる．

　また，登山観光も中間的なものであり，仕事先のサークルに入れば，キルギス内なら無料で，ソ連内ならばわずかな金額で，登山観光ツアーに参加することができた．しかも，労働組合の審査に通れば，ソ連内への登山観光ツアーの費用を労働組合が負担していた．登山観光ツアーについてインタビュー対象者

No6. が次のように振り返っている.

> 私は登山に行くのが好きで，頻繁に行った．山には難易度や標高のカテ
> ゴリーがあり，山の登頂を果たすと，カテゴリーに応じたアルピニスト
> バッジをもらえた．例えば私は第 2 カテゴリーのアルピニストのバッジを
> 持っている．キルギスの近くのアラ・トオ山脈をはじめ，イシック・クル
> の東部の 4,000〜5,000m の山にも登った．登山の途中で，休憩する観光
> ベース等に無料で泊まった．食事は持参したが，登山大会等が行なわれた
> ときには無料で提供された．

登山観光ツアーに頻繁に出かけた No5. インタビュー対象者は次のように思
い出している.

> 登山にはよく行った．キルギス国内だけでなく，ソ連中をカムチャッカ
> からリヴォーヴまで回った．キルギス国内の登山観光ツアーは無料であり，
> キルギス国外へのものも 3 割の自己負担ですんだため，行きやすかった．
> 私は趣味でよく登山をしたので，治療のために訪れるクロールト旅行の必
> 要がなかった．

登山を行った人の内訳も見ると，エリートが 4 人（31%），インテリが 15 人
（40%），労働者が 9 人（60%），農民が 3 人（30%）と学生が 2 人（28%）であ
り，労働者が最も高い割合を占めており，仕事先のサークル等に入って行える
登山観光が労働者の間で人気であったことが伺える．しかし，登山観光は地方
在住のキルギス人農民や地方出身のインテリやエリート等も夏季休暇中に里帰
りをした際に行える自由な観光でもあったことがインタビュー対象者 No26.
（65 歳，キルギス人男性）の証言からも読み取れる．

> 私は故郷の山が好きで里帰りした時に地元の友達と一緒に時々登山観光
> したり，花を見たり，馬に登ったりした．それが私の楽しい休みでもあっ
> た．

c) 自由に行われた観光

　ソ連時代に自由に行なわれた観光を見てみよう. ハンティングはその一つである. ソ連時代のハンティングは誰でも自由に行ってよいものであったが, 表3-1をみると, エリート1人しか行っていないことがわかる. ソ連時代ハンティングに行っていたエリートクラスのA氏はハンティングについて次のように振り返っている.

　　　ソ連時代は, ハンティングに皆が行ったわけではなかった. ハンティングをするには, 狩猟と釣りの組織の一員になる必要があった. また, 年齢制限と特別な条件があり, 1, 2年の試用期間後に, 警察に登録してから内務省で銃の取得許可を得ると, 銃をハンティング用品店で買えるようになった. 銃はスムースボアライフルの購入が許可されたが, ライフリングが施された銃はさらに特別な許可が必要であった. こういった手続きが一般的であったが, 私はコルホーズの知り合いのチャバン（家畜の面倒を見る人）に譲ってもらった銃を使ってハンティングに出かけた. チャバンが所有する銃は, ソ連政府が狼から家畜を守るために与えたものである. 仕事が忙しかったので頻繁に行ってはいない. 春の繁殖期とレッドリストに登録された鳥や動物のハンティングは禁止であった.

　以上のように, 銃の獲得には狩猟と釣り組織の一員に1, 2年間なる必要があり, ハンティングが容易にできる観光ではなかったことが伺える. しかし, A氏のように何かしらコネを有するエリートは, それを利用して銃を入手していた.

　次に草原観光を見ると, エリート3人, インテリ2人, 労働者1人, 学生1人, 子供2人の計6人しか行っていない. 草原観光（ジャイロー）とは, 遊牧民族のキルギス人が夏期中高原に移動した際, 草原で乗馬, 馬乳や乳製品の飲用, 羊やヤク, ウサギ等の肉の食事をするものである. インタビュー対象者のA氏はソ連時代の草原観光について次のように振り返っている.

　　　ソ連時代は草原に親戚や知人がいる人しか行けず, 現在のような商業化

された草原観光は存在しなかった．なぜならば，ソ連時代にビジネスの考えはなく，個人所有のものを利益のために売る人たちが世間に良い目で見られなかったからである．また，ソ連時代は，個人による多くの家畜の所有が禁じられていたこともある．

　このように，ソ連時代における草原観光は現在のように営利的なものではなく，知人や親戚等が住む草原を訪問する程度のものであったことが理解できる．その背景には，家畜所有制限や国による所有物の管理，国民の平等という共産党のイデオロギーが存在したことや，遊牧民族としてのキルギス人の特徴が重視されなかったことがあると考えられる．また，ソ連時代に草原観光も憧れの的であったことがインタビュー対象者 No26. の語りから理解できる．

　　　ソ連時代は草原に行くことが最高の楽しみであった．草原に住む親戚の
　　　もとへ行き，春と夏に魚釣りや山でウサギ狩りをした．これが私の観光で
　　　あった．しかし，これは皆ができたのではなく，親戚が草原に住んでいた
　　　から実施可能であったのだ（インタビュー対象者 No26，キルギス人男性，
　　　65 歳）．

　冬のスケートやスキー等も盛んではなかったことが表 3-1 から理解できる．しかし，インタビュー調査によると，ソ連時代はスケート場，スキー場等が政府によって各地域に整備され，冬の観光レクリエーションに無料で自由に参加できたという．近隣のカザフスタンのスケートリンクにも行っていたが，寒い地方に住んでいる人たちは自然のスケートができた．インタビュー対象者 No5. とインタビュー対象者 No6. も工場のスキーサークルに入会し，冬はスキーをしたという．
　次に，大型デパートへの購買旅行を見てみよう．ソ連時代，大型デパートは各国の首都にのみ１つずつ存在し，キルギスでも国中からフルンゼへの購買旅行がみられた．1980 年代前半に商品不足（デフィチート defitsit）が生じたことで，ソ連にはない外国製の珍しく品質の良い商品はデパートに並んでいなかったとインタビュー対象者は語る．レニングラード製のブーツやルーマニア

製スーツ，ポーランド製家具，チェコスロバキア製のクリスタル等の外国製品
は限られた店にしかなく，主にエリートやインテリが特権やコネを利用しいち
早く手に入れていた．しかし，労働者も店で働いている知人等がいれば，外国
製品が手に入り，そこから達成感を得ていたという．

　湖観光に行った者は87人中15人しかいない．それも，エリートが13人中
7人（54%）と高い参加率を示している一方で，インテリは37人中6人
（16%），労働者は15人中2人（17%）しか参加していない．前述したとおり，
ソ連時代にイシック・クル湖畔はソ連の魚雷の実験の場でもあったので，外国
人立ち入り禁止ゾーンであった．また，ソ連時代イシック・クル湖畔にできた
観光・休暇・保養施設のすべてが党・行政・機関等のものであり，ホテルの全
てはバウチャー制であった．そのため，インタビュー調査によると，バウ
チャーを持っていない湖観光者は親戚や友達の所有する家に宿泊していた．

　川魚釣りとアウトドアキャンプ旅行もバウチャーや許可が不要のため，自由
に行えるものであったが，例外的にイシック・クル湖のような自然保護下にあ
る湖等での魚釣りは許可を取る必要があった．また，ソ連時代に聖地への旅行
に行っていたのは87人中2人（農民と労働者1人ずつ）しかおらず，古くか
ら存在するキルギスの聖地はソ連時代に低調だったと言える．

　そして，87人中64人も行っているのがトイ・アッシュ（Toi Ash）である．
インタビュー調査によると，ソ連時代はトイ・アッシュを盛大に行うことが禁
止され，貸し切りのレストランではなく，各自の家で行なっていた．インタ
ビュー対象者87人中64人もがトイ・アッシュを行なうほど一般的な観光で
あったといえよう．

2　資本主義化以降の社会階層別の観光

　第3章第1節でも述べたように，資本主義化以降のキルギスの社会階層は新
興富裕層，中間階層，基礎階層，下流階層に分かれていた．階層間には経済的
な格差が生じており，各階層の観光にも格差が現れた．

　資本主義化以降に海外旅行へ行った人の割合を見ると（表3-3），新興富裕
層が9人中8人（89%）と極めて高い割合を示す一方で，中間階層が18人中

4 人（22%），基礎階層が 18 人中 3 人（17%），下流階層が 39 人中 1 人（2%）と低い割合である．独立以降，海外旅行は自由になったとはいえ，経済的な余裕がある人しか行けない高級なものであると言える．キルギス統計局（2016）によると，2010 年に 59 万 7 千人であった出国者数が，2013 年には 140 万人に増加しているが，半数の 70 万人が出稼ぎであり，キルギス国民は海外旅行へ行く経済的な余裕がないと理解できる．一方，海外旅行に出かける人は，現在キルギスで流行中のトルコやドバイへのパッケージ旅行を利用している．この背景には国内旅行よりもそれらの方が安価なことがある．また，海外旅行が国内旅行よりも安価であるという現象はロシア国民への研究（Lysikova　2012）と共通しており，キルギスでアウトバウンド旅行商品を販売する旅行会社の戦略が，ロシアと同様であることが考えられる．資本主義化以降，海外旅行に行った基礎階層のインタビュー対象者 No26. が観光について次のように語っている．

　　　家族や子供の世話で精一杯であるため，ソ連時代も現在も観光という言葉を意識したことがない．2010 年に一度だけ息子の招待でキプロスに 20 日間行ったことがある．キプロスではキルネ，マゴシャ等の市内観光ができた．それ以外に子供や親戚のイベントが私にとって主な観光である（1948 年生まれ，キルギス人男性）．

　クロールト旅行も資本主義化以降に大きく変化している．現在でもバウチャーシステムがクロールト旅行に残存しているものの，経済的余裕があれば誰でも行けるようになっており，裏返せば収入に依存するものである．しかし，現在クロールト旅行に高い割合で行っているのは基礎階層 18 人中 15 人（83%）である．一方，新興富裕層は 9 人中 6 人（67%）で，基礎階層より低い割合である．新興富裕層はソ連時代に建てられた温泉クロールトや保養地にはそれほど興味がなく，現在の高級な観光である海外旅行等に注目していると言える．
　しかし，現在，クロールト旅行に高い割合で行っている基礎階層にとっては，ソ連時代に憧れの対象であったクロールト旅行が観光の中心となっていることが伺える．Zaslavskaya（1995）と Musabaeva（2012）が指摘したように国民

表3-3　社会階層別にみた資本主義化後のキルギス国民の観光

単位：人（%）

観光	新興富裕層（国のトップ＆大企業社長等）	中間階層（中小企業社長，官僚の中間層公務員）	基礎階層（熟練労働者，農民，先生，エンジニア，医者，販売員等）	下流階層（年配，移住労働者無職，熟練労働者）	合計
海外旅行	8 (89)	4 (22)	3 (17)	1 (2)	16
クロールト旅行（ソ連時代建設の温泉施設，保養地等湖畔休暇ホーム等）（バウチャー/現金）	6 (67)	6 (33)	15 (83)	24 (61)	51
ダーチャ（別荘）	7 (78)	2 (11)	4 (22)	1 (2)	14
子供キャンプ（ピオネールラーゲリ）旅行	–	–	–	–	0
農業・建設集団活動	–	–	–	–	0
パレード鑑賞	3 (33)	1 (5)	1 (5)	1 (2)	6
オペラ・演劇	3 (33)	3 (17)	5 (28)	3 (8)	14
コンサート・映画・ダンス	5 (55)	5 (28)	2 (11)	2 (5)	14
ピクニック（近場川や公園）	2 (22)	6 (33)	5 (28)	2 (5)	15
祭り（伝統的・ソ連のもの）	4 (44)	10 (56)	3 (17)	5 (13)	22
ハイキング	7 (78)	1 (5)	1 (5)	–	9
草原観光（親戚・業者）	8 (89)	15 (83)	13 (72)	25 (64)	61
スケート	1 (11)	1 (5)	5 (28)	–	7
冬の観光レクリエーション：スキー，そり等	8 (89)	5 (28)	3 (17)	–	16
大型デパート＆バザールでの買い物	8 (89)	17 (94)	10 (56)	19 (49)	54
湖観光（資本主義時代建設の宿泊施設；湖浴，日光浴）	8 (89)	15 (83)	10 (56)	32 (82)	65
川・湖魚釣り	4 (44)	6 (33)	3 (17)	1 (2)	14
登山	4 (44)	3 (17)	3 (17)	2 (5)	12
アウトドアキャンプ旅行（遠くへ）	2 (22)	8 (44)	5 (28)	–	15
神聖地への旅行	1 (11)	3 (17)	3 (17)	5 (13)	12
トイ・アッシュ（Toi Ash：家族・親戚・友達や知り合いのイベント	8 (89)	16 (89)	10 (56)	30 (77)	64
インタビュー対象者	9 (100)	18 (100)	18 (100)	42 (100)	87

凡例　61〜80%：明朝体　　　　　　　　　インタビュー調査により筆者作成
　　　81%〜100%：ゴシック体

注：社会階層区分は Zaslavskaya（1995）．Musabaeva（2012）による

の経済状況は各自のバックグラウンドによって異なる．自力で経済的な成功を
し，現在高い地位に就いた人もいれば，ソ連時代に高いポジションにいたこと
で，転換期をうまく利用し，現在富裕層に属する人もいる．後者の1人は，草
原で家畜を育てるインタビュー対象者 No9.（キルギス人女性，75歳）であり，
彼女の夫はソ連時代コルホーズで飼育長として働き，ソ連崩壊直前の1990年
に国会議員となり，彼女自身もコルホーズで家畜の飼育をしていた．しかし，
インタビュー対象者 No9 は「ソ連時代は自由に家畜を殖やすことが許されず，
全部の家畜を国のために飼育していた．そして，コルホーズ勤務の夫が社会体
制転換期にうまく動いて国所有の家畜や土地を個人所有に書き換え，現在は自
由に殖やした家畜をバザールで売買している．このため可処分所得が増え，自
由な温泉旅行が可能となっている．」と述べた．

　ダーチャは現在14人しか所有してないことから，人気の低下が伺える．ダー
チャ所有者14人中7人が首都ビシュケク在住の新興富裕層であり，緑を求め
てダーチャを個人利用するために所有しているという．そして，ソ連時代に
ダーチャを多く利用したインテリの多くは，現在年金生活でダーチャの維持が
難しくなったことから，ダーチャを売り払っている．また，ビシュケク近郊に
も住めるようになったことで，ダーチャよりも広い土地を購入し，家を建てる
のが一般的になったという．さらに，資本主義化以降イシック・クル湖畔での
別荘所有が国民の憧れになったことも，社会主義時代にあったダーチャへの意
識の変化につながったと考えられる．つまり，ソ連時代のようなダーチャのプ
レステージが消失したと言える．

　子供キャンプ（ピオネールラーゲリ）旅行については，インタビュー対象者
に子供にあたる年齢の人がいなかったため，0人になっているが，ソ連崩壊以
降も子供キャンプ（ピオネールラーゲリ）旅行は残存し，バウチャー制も残っ
ている．しかし，バウチャーは観光会社等を通して現金で購入でき，経済的に
余裕があれば誰でも参加できるようになっている．また，キルギスの子供たち
にとって10日〜2週間滞在のキャンプ旅行は人気の休暇である．

　パレード観賞は，新興富裕層9人中3人（33%），中間階層18人中1人
（5%），基礎階層18人中1人（5%），下流階層39人1人（2%）しかしておら
ず，階層を問わず参加率が低いことから，ソ連時代ほど魅力がなく，国民的な

観光ではなくなったと理解できる．この理由には，パレードにソ連時代のような国民全員を巻き込む制度的な機能が失われたことがあろう．しかし，その中でも新興富裕層が他の社会階層より高い割合を示しているのは，国のトップとなった新興富裕層がパレードのゲストとなっているためだと考えられる．

　表3-3から分かるように，ハンティングは現在もソ連時代と同様に新興富裕層と中間階層のような上流階層の人々による活動であり，新興富裕層の人にとって，特別な観光の一つである．例えば，ソ連時代にインテリ層で現在新興富裕層のB氏はソ連時代にハンティングを行っていないものの，現在はハンティングを最も多く行い，ハンティング用に特別なイタリア製の高級銃も持っている．彼はソ連時代にできなかった高級な活動に達成感を感じているであろう．B氏によると，ハンティングでは雉，モルモット，高山の鹿等を狩っているという．B氏が「ハンティングをするとエネルギーがみなぎり，成功を感じられる」と述べることから，現在国内で最もセレブ的な観光になっていると考えられる．

　オペラ・演劇鑑賞は，ソ連時代エリート全員（13人中13人）が行っていたものの，新興富裕層は9人中3人（33%）しか行っておらず，当時のエリートに値する新興富裕層にとっては上位に挙げられるものではない．その理由には，新興富裕層が行っている観光が他にも多く存在していることが挙げられる．

　資本主義化以降，社会主義時代にあった文化クラブが機能しなくなった．コンサート・映画・ダンスは現在の社会階層でいうと，新興富裕層9人中5人（55%），中間階層18人中5人（28%），基礎階層18人中2人（11%），下流階層39人中2人（5%）が行っており，高い階層ほど高い割合にある．すなわち，資本主義化以降文化クラブが機能しなくなったことで，コンサート・映画・ダンスといった文化的楽しみが国の政策により安価な値段で提供されるものではなく，個人の興味に従って経済的な余裕がある場合のみ選択されるようになったと理解できる．また，パレードやコンサート等は，国家が愛国心の醸成や国民の不満をそらす意図のもとで実施されていたのであるが，現在はそのような意図は失われている．これは祭りも同様である．

　資本主義化以降，草原観光は全87人中61人が参加しており，国民的な観光となっている．草原観光では家畜や自然との触れ合いが重視される．独立以降

の草原観光は，キルギス国民が観光用に家畜を夏の5月半ばから9月の半ばの間，外国人に草原を開放したことに始まる．また，キルギス国民も富の象徴である草原と家畜を見ることがリラックスにつながることから，草原観光を盛んに行うようになった．A氏は草原に親戚が住んでいるため，わずかな費用で草原観光を行っていた．インタビュー対象者の大半も草原に住む親戚を頼るか，安く民宿を借りることで草原観光が実施可能になっているという．

　インタビュー対象者は現在，ソ連時代よりもスキー観光を行っており，キルギスでは冬のスキー観光が発展しつつある．独立以降に外国人誘致を目的としてスキー観光は始まり，現在誰でもできるものとなった．しかし，お金を必要とするレクリエーションであることから，最も経済的な余裕がある新興富裕層が頻繁に行うセレブ的な観光となっているといえよう．

　大型デパートやバザールでの買い物も資本主義化後に大きく普及した．独立以降のデパートとバザールの増加，多様化を背景として，富裕層に限らず基礎階層（10人）や下流階層（19人）にも普及している．しかし，インタビュー対象者によると，現在は商品が簡単に手に入るうえに，品質もさまざまなことから，ソ連時代のような達成感を味わえないという．

　湖観光はソ連時代の参加者が15人であったのに対して，現在は65人と最大の割合を示している．独立以降の民営化によって，湖周辺が大幅に開発され，次々にホテルが新設された．そのうち，高級ホテルに振興富裕層や外国人が宿泊する一方で，地元住民が提供する安価な民宿に基礎階層や下流階層が宿泊できるようになっており，現在のキルギス国民の夏の観光の定番となっていると言える．

　次に，川・魚釣りや登山観光はソ連時代より参加率が低下している．その背景には，魚の種類の減少がある．また，観光客用の人工的な魚釣り場等も開発され，ソ連時代よりも選択肢が広くなったことも挙げられる．川・魚釣りや登山観光と同様に，アウトドアキャンプも参加人数が減少しており，ソ連時代は87人中32人の経験者数であったのに対して，現在は87人中15人である．現在アウトドアキャンプ旅行はソ連時代よりお金が必要なものであるものの，新興富裕層が9人中2人（22%）しかおらず，最も高い割合を占めているのが中間階層（18人中8人，44%）である．これは，中間階層が新興富裕層よりも

経済的な制約があり，海外旅行より安価な国内キャンプ旅行を選択したためで
あると考えられる．

　資本主義化以降発展している旅行の一つに聖地への旅行がある．インタ
ビュー対象者 87 人のうち，独立以降に聖地への旅行へ行ったのは 12 人であり，
ソ連時代の 2 人に比べて多い人数である．現在における聖地の概念は資本主義
化以降の民主主義社会を背景として，ソ連のものとは若干異なっている．社会
主義時代は政府により国内にある全ての宗教が平等に扱われ，ソ連の各共和国
それぞれに一つずつ宗教建物が設置されていた．しかし，民主主義化以降，イ
スラム教やロシア正教等の宗教は，影響力を高めるために多くの建物を建設す
るようになった．

　資本主義化以降にトイ・アッシュ を 87 人中 64 人が行っている．ソ連時代
と参加率は変わらないが，現在ではイベントの仕組みや開催方法等が異なる．
A 氏はトイ・アッシュについて「ソ連時代にはほとんど家で行われていたが，
現在はほとんどがカフェやレストランで行われる．パーティーには大勢が集ま
るが，人数によって用意される家畜数が異なる．例えば，300 人が集まる場合，
用意するのは馬 1 頭，羊 3 頭等である．」と述べた．ソ連時代に禁じられてい
た家畜の自由な飼育が現在可能になったことから，トイ・アッシュは多くなっ
たと考えられる．また，A 氏，B 氏，C 氏，インタビュー対象者 No26，イン
タビュー対象者 No9，インタビュー対象者 No4 が述べたようにトイ・アッシュ
を行うためには多額の資金が必要で，例えば，結婚式だと 2 万～3 万 US$，子
供の誕生を祝うトイ（Toi）には 3,000US$ 以上必要なときもある．従って，ト
イ・アッシュの実施は成功の証にもなり，ロシアやカザフスタン，ヨーロッパ
への出稼ぎの者がキルギスに帰ってトイ（Toi）を行うと，その人は成功した
と言われることが多い．このような価値観があるため，経済力のない人も世間
体を気にして借金をしてまでトイ（Toi）を開催することがある．また，トイ・
アッシュには親戚が社会階層に関わらず招待されるが，平均で 50～100US$ を
持参しなければならないので，基礎階層や下流階層にいる人には経済的に大き
な負担となる．しかし，1～2 時間で終わるアッシュ（Ash）と異なり，6～7
時間位続くトイ（Toi）の場合は，豪華な食事に，ゲームや景品，ダンスや有
名な歌手の歌まで楽しめることから友人や親戚に借金してでも大半の人が行っ

ている．インタビュー結果を総じて考えると，平均でキルギス国民は 1 年に 12，13 回，トイ・アッシュに行く．トイ・アッシュは遊牧民族の習慣であり，もともと移動先で新しい関係を作ったり，あるいは，民族間の関係を深めたりするためのものであったが，ソ連時代に盛大なものは禁じられた．従って，資本主義化以降キルギス人がこの盛大なトイ・アッシュを復活させたことは，ある意味では自分たちのアイデンティティ探し，あるいは自分たちのルーツへの回帰を意味しているのではないだろうか．トイ・アッシュについてインタビュー対象者 No26. は次のように語っている．

　　現在の私の主な観光は家族・親戚・部族等のトイ・アッシュである．毎週や毎月何かのイベントに参加し，楽しんでいる．それが私の生きがいでもある．秋にイベントが多いが，秋以外の季節にも互いの家を行き来して楽しんでいる．トイ・アッシュでは血のつながっている兄弟や親戚の他に，私の 5 人の子供や，また結婚した子供の親とも仲良くし，一緒にコンサートに行ったり，家に招待したり，彼らの家に招待されたりすることが多い．それはキルギス人の伝統でもあり，子供が結婚したらクダ（Kuda）と呼ばれるその親を尊敬し，常に交流を保たなければいけないからである．これは私の楽しい人生でもある．

　ソ連崩壊後に商品が豊富になり，海外旅行にも自由に行けるようになったにも関わらず，新興富裕層を除く本研究のインタビュー対象者のほとんどは，現在の生活よりもソ連時代の生活について肯定的な考えを持っている．その理由は，ソ連国民の大衆意識にあると考えられる．ソ連国民の大衆意識は，かつて帝政期に存在した貴族，農民，商人，中産階層のサブカルチャーが完全に崩壊した結果，ソ連神話やソ連の「伝統」と呼ばれるソ連独自の価値観に変容した（Pantin and Lapkin　1999）．ソビエト的価値観の肝要は，社会主義と共産主義の原理に基づくものではなく，「国家」をすべての社会的便益，権利と義務の源として考えることだったのである．したがって，ソ連国民の意識においては，「国家」は実際に政治，経済，社会で大きな役割を果たすというよりも，「国家」は富の所有者であり，労働者の過去，現在そして将来を社会正義と平

等に基づいて判断し，認めるものという神話であった．言い換えると，ソ連国民の中心的な価値観は，幸福や繁栄を与えてくれると考えられた「国家」に基づいてなされていた．例えば，「社会的正義」は国家のために労働者が挙げた成果に基づいて執行されるものであり，「平等」は欧米であるような法律上での平等や機会の平等だけでなく，富の分配と社会的地位に基づいた義務の平等であった（Pantin and Lapkin 1999）．また，「秩序」もソ連の重要な価値観であり，国家は中央集権的に力と権限を所有することで，安定した秩序を国中で保っているが，個人や少数グループの秩序は重視されなかった（Pantin and Lapkin 1999）．こういった「国家」を基軸にした平等と秩序の価値観が存在し，社会が安定していたからこそ，彼らは，団結した国民の平等な暮らしのもとで政治・経済状態が安定し，将来を心配することもなかったため，休暇の際も観光に打ち込むことができたと答えたのである．

　以上の Pantin and Lapkin（1999）が指摘したソ連国民による国家への信頼はソ連時代の無料の医療，教育，安価な交通機関制度から来ていたとも考えられる．一方，ヴォスレンスキー（1988）によると，ソ連時代の生活水準は強制的に決められ，ノーメンクラツーラ層以外の者の給料の 80% は食料や日常用品に消費された．従って，以上で述べた政府主導の観光や汽車による自由観光等を享受できた者は全体の比率で考えれば多くなかったと言える．だが，ダダバエフ（2010）；Dadabaev（2016）が指摘したように，いまだにソ連を経験した者は現在の自分の生活水準のフィルターを通してノスタルジーを感じている者が多いとも言える．資本主義化以降キルギス国民の多くは基礎階層や下流階層に属し，また給料と観光商品や交通機関の料金設定がつり合わないため，インタビュー対象者の多くはソ連時代ほど旅行していない．

第 **4** 章

ソ連時代経験者の
ライフヒストリーからみる
キルギス国民の観光

　第3章では，ソ連時代と現在の両時代での社会階層に応じた観光活動を量的に把握した．第4章では，ソ連時代から現在までの個人の観光経験を，ライフヒストリーに基づき分析する．まず，以下の第1節では，第3章の結果をもとに，社会階層間の移動と観光との組合せを指標に調査対象者を類型化し，各類型の中からライフヒストリー調査に最適な対象者を1人ずつ選択する．第2節から第4節では，類型を代表する3人のキルギス国民（A氏，B氏，C氏）のライフヒストリーを通して，社会主義時代の観光経験と資本主義化以降の著しい市民の経済格差によって変化した観光経験とを，個人の生活に根差したものとして分析する．

第 1 節 ▶ 社会体制転換に伴う社会階層の移動類型

　第3章第1節で述べたように，ソ連社会の社会階層は大きく分けるとエリート，インテリ，労働者と農民の区分が存在した．ソ連崩壊後1995年のロシアにおける社会階層とその内訳は，新興富裕層（6%），中産階層（18%），基礎階層（66%）の他に，下流階層と社会的下層民となった（Zaslavskaya 1995）．このうち新興富裕層は，ソ連時代にノーメンクラツーラであった者のうち6，7割と，工場や企業の社長が移行してきた．Zaslavskaya（1995）の言及によれば，これらの社会階層区分とその内訳はキルギスにも概ね当てはまる．

　ソ連時代と資本主義化以降をまたぐ形で，キルギス国民の社会階層間の移動と彼らの観光から，キルギス国民を類型化する．

　表4-1は，第3章の第1節と第2節の分析結果から，社会階層間移動と観光との組合せを指標に，社会体制転換に伴う調査対象者75人の社会階層間の移動類型と観光との関係を示したものである．なお，この表には社会主義時代に学生・子供であった12人は含まれない．

　社会主義時代から資本主義化以降への移動類型の内訳は以下の4類型である．①エリート（13人）・インテリ（37人）から基礎階層・下流階層への移行が38人，②労働者（15人）・農民（10人）から基礎階層・下流階層が18人，③労働者・農民から基礎階層・下流階層が18人である．ソ連時代の労働者（15

表 4-1　社会体制転換に伴う社会階層の移動類型

社会主義時代の社会階層と当時の観光	資本主義化以降の社会階層とその観光	人数	インタビュー対象者の中から抽出するライフヒストリー調査代表
エリート（13 人）・インテリ（37 人） ソ連の国民的観光＋クロールト旅行 ダーチャ，農家＆建設集団活動 オペラ・演劇・ドラマ，ソ連国内観光，資本主義国へツアー観光 ⇒	基礎階層 下流階層 湖観光＋草原観光＋クロールト旅行	38	A 氏
エリート（13 人）・インテリ（37 人） ソ連の国民的観光＋クロールト旅行 ダーチャ，農家＆建設集団活動 オペラ・演劇・ドラマ，ソ連国内旅行，資本主義国へツアー観光 ⇒	新興富裕層 中間階層 湖観光＋草原観光＋スキー，海外旅行 ハンティング	16	B 氏
労働者（15 人）・農民（10 人） ソ連の国民的観光＋ソ連国内旅行＋コンサート・映画・ダンス ⇒	基礎階層 下流階層 湖観光＋草原観光＋クロールト旅行＋神聖地旅行	18	C 氏
労働者（15 人）・農民（10 人） ソ連の国民的観光＋ソ連国内旅行，コンサート・映画・ダンス ⇒	新興富裕層 中間階層 湖観光＋草原観光＋スキー，海外旅行，ハンティング	3	×

インタビュー調査により筆者作成

注：ソ連時の国民的観光とはパレード参加・鑑賞や祭り，近場への集団遠足である．

人）と農民（10 人）は比率で見ると少ないが，これは現在彼らの多くが経済的理由により親戚・知人の家に滞在して観光するため，量的に把握しづらいからである．筆者はオーロラ温泉クロールトとカルヴェン別荘地でのインタビュー調査時に，親戚・知人の家から日帰りで訪れるソ連時代の労働者と農民を捕捉することに努めた．従って，これらの移動類型の内訳は，キルギス国民全体に完全には合致しないものの概ね当てはまると言える．そこで，①から③の移動類型の中からライフヒストリー調査代表者を 1 人ずつ選定した．なお，④労働者・農民から中間階層・新興富裕層への移行はキルギス社会でもごく限られており，インタビュー調査でも 3 人と少数であるためライフヒストリーによる分析を行わない．

　まず，社会主義時代にエリート（13 人）・インテリ（37 人）であった者のうち 38 人が資本主義化以降基礎階層・下流階層に移動した．エリート・インテリの社会主義時代の主な観光はパレードや祭り，近場への集団遠足等のソ連の国民的観光に加え，クロールト旅行やダーチャ等の政府主導で選択的に配給されたものであった．ソ連国内観光や資本主義国へのツアー観光を行う者は共産党上層部や工場の社長のみであった．インテリが中心に行っていた農業・建設集団活動の際にも観光が存在し，演劇やドラマ等を楽しんでいた．しかし，エリート・インテリの多くは資本主義化以降基礎階層・下流階層に転じたため，彼らの観光にも変化が生じた．医者，教師，研究者等のインテリは国から給料をもらっていたため，資本主義化以降の経済の低迷により，彼らの観光実施能力は低下している．これは，下流階層と同様の状況である．基礎階層・下流階層は本研究のインタビュー対象者の約半数にあたる 42 人（48%）を占めるが，資本主義化以降の彼らの観光の中心は草原観光・湖観光とクロールト旅行になっている．また，約 70% を高齢者（60 才以上）が占める基礎階層と下流階層の観光は家族・親類の援助によって可能となっている．このように，社会主義時代のエリート・インテリの多くは資本主義化以降基礎階層・下流階層に転じ，観光の内容にも変化が現れている．そこで，社会主義時代にキルギスの F州のトップであったエリート A 氏のライフヒストリーを事例に，資本主義化以降基礎階層に転じる前後の時期の観光の変容を明らかにする．

　社会主義時代にエリート・インテリであった者の中には，資本主義化以降に新興富裕層・中間階層に移動した者もいる．その多くは，Zaslavskaya（1995）が指摘したように，ソ連時代のノーメンクラツーラであった者の 6，7 割と，工場や企業の社長がそのまま移行してきた．彼らの資本主義化以降の観光には，資本主義化以降発展しているスキー観光，海外旅行，ハンティング等が含まれる．資本主義化以降の海外旅行にしてもハンティングにしても，お金さえあれば自由にできるようになったが，ソ連時代に海外旅行やハンティングができなかったソ連時代のエリートたちにとっては，海外旅行とハンティングが夢のような観光として認識されていると予測される．そこで，社会主義時代のインテリ層から資本主義化後に新興富裕層に上りつめた B 氏のライフヒストリーから，その過程と観光の変容を明らかにする．その際に，社会主義時代のエリートと

資本主義化以降のエリートの観光の違いを解明することも試みる.

　次に，労働者・農民から基礎階層・下流階層に移動した18人の社会主義時代の主な観光は，ソ連の国民的観光とソ連国内観光の他に，コンサート，映画等のエンタテイメントであった．なお，ソ連国内観光の主な目的はキルギス国外のソ連内に住む親戚訪問が多かったので，ロシア人が多く行っていた．クロールト旅行に行ったのもフルンゼ在住のロシア人労働者が主で，バウチャー調達の困難さからキルギス人の労働者はほとんど行っていなかった．しかし，C氏のように上司との人間関係があれば，キルギス人でもソ連国内旅行に行くことができた．そこで，社会主義時代に上司の村長と親密な人間関係を築いたことでモスクワ旅行を経験し，資本主義化以降家畜を自由に殖やしたことで観光を行う経済的な余裕が生まれたC氏のライフヒストリーを事例に取り上げ，キルギスの都市住民と地方の農民の観光変容を明らかにする．なお，労働者・農民から中間階層・新興富裕層に移行した者は3人と少数であるため深い分析を行わないが，C氏は資本主義化以降家畜を自由に増やし，経済的に豊かになったという点でこの類型にも該当するため，彼の観光実践から考察する.

第 2 節　エリート・インテリ層から基礎階層に転じた者

　A氏のソ連時代における小学校時代から大学卒業までの主な観光を表4-2で，ソ連時代の就職後の観光を表4-3で，ソ連崩壊以降の観光を表4-5でまとめ，以下でその内容を時系列に沿って追っていく.

1　ソ連時代の観光

a)　少年期牧畜村での伝統的な観光

　A氏は，1952年にキルギスのF州A地域A村で，キルギス人一家の9人兄弟の長男として生まれた．彼の父親は第2次世界大戦での兵役後，A村の学校（小・中・高一貫校）でロシア語と技術の科目を教え，夏休みには村の

表 4-2　A 氏の大学卒業までの主な観光（1959〜1962 年）

年	年齢	時期	観光先	同行者	期間	宿泊	食事	観光とその内容	備考
1959〜1962	6〜10歳	毎年春（5月下旬）	地元の川沿いの盛大な農村春祭り（注1）	親	日帰り	実家	祭り場（無料）	住民によって祭り用に設置された伝統的な組み立て式家で豪華食事＆遊び（大量の羊の肉、揚げパン、お菓子等）やコンサート	地元
		毎年夏季休暇中（注2）	近隣の川までエクスカーション	先生、クラスメイト	日帰り	実家	各自持参	持参した食事、川遊び、ボール遊び、伝統的なゲーム	
			地元草原・シェリネ（注2）	親	時々	親戚の家	親戚の家	馬乳酒を飲む、馬に乗る、草原の友達とスリング、羊の骨で遊ぶ、シェリネでキャラメルやクッキー等の砂糖のお菓子	
		毎年秋（9月下旬）	地元の盛大な収穫祭り	親	日帰り	実家	祭り場（無料）	住民によって祭り用に設置された伝統的な組み立て式家で豪華食事＆遊び（大量の羊の肉、揚げパン、お菓子等）やコンサート	
		毎年冬	近隣川	友達	3日に1度、日帰り	実家	家	水汲みの際に、ソリやアイスホッケー（注4）	
1962〜1964	10〜12歳	毎年春（5月下旬）	近隣の川か公園までエクスカーション	先生、クラスメイト	日帰り	実家	各自持参	持参した食事、川遊び、ボール遊び、伝統的なゲーム	首都で暮らし、勉強した
		夏季休暇中	地元村	1人	2か月間（注3）	実家	実家	クルグン時期に羊の肉、馬乳酒、お菓子、友達と遊び	
		毎年冬	フルンゼ中央サーカス	先生、クラスメイト	冬季に1度	実家	実家	モスクワのサーカス	
		毎年冬季休暇中	地元村	友達	3日に1度日帰り	実家	実家	水汲みの際に、ソリやアイスホッケー	

年代	年齢・学年	時期	場所	同行者	期間	宿泊	食事	活動内容	備考
1964〜1967	12〜15歳 7〜9年生	毎年春（5月下旬）	近隣の川沿い公園まで（エクスカーション）	先生、クラスメイト	日帰り	実家	各自持参	持参した食事、川遊び、ボール遊び、伝統的なゲーム	
		夏季休暇中	近隣村文化クラブ	友達	1か月に1度	実家	実家	文化クラブで映画やコンサート	地元
1967〜1969	15〜17歳 10〜11年生	毎年春（5月下旬）	近隣の川沿い公園まで（エクスカーション）	先生、クラスメイト	日帰り	実家	各自持参	持参した食事、川遊び、ボール遊び、伝統的なゲーム	
			地元草原	1人	時々	親戚の家	親戚の家	馬乳酒を飲む、馬に乗る、草原の家畜面倒の手伝い、山にさき集め	
		夏季休暇中	近隣村文化クラブ	友達	1か月に1度	実家	実家	地元の文化クラブで映画やコンサート（戦争のテーマ）	
1969〜1973	17〜21歳 大学1〜4年生	夏季休暇中	さまざまな農村地域	1人	2か月間	コルホーズの小屋	女子学生の手作りご飯	農村にて仲間の交流：ギターや歌、映画館	建設集団活動
			首都の映画館	友達	日帰り	実家	実家	当時流行ったインド製のラブストーリー映画	
		毎秋	キルギス南部、ウズベキスタン	1人	2か月間	コルホーズの小屋	女子学生の手作りご飯	汽車の中で家から持参の食事、友達とトランプを遊び、ギターや歌等：キルギスの南部の町観光	強制農業／集団労働
1973〜1975	21〜23歳 大学4〜7年生	1年中	映画館	妻	1週間に1度	実家	実家	インド製のラブストーリー映画	結婚
		春	パレード・広場祭り		日帰り	実家	広場・カフェ	パレード後のコンサート、食事など	
		夏季休暇中	里帰り		2か月間	実家	実家	実家の手伝い、地元の友達や親戚と交流、羊の肉、馬乳酒	
		秋	パレード・広場祭り		日帰り	実家	広場・カフェ	パレード後のコンサート、食事など	

注1：川沿いの農村春祭りマルチトイとは、コルホーズの家畜の出産時期が終わるのを祝う祭り　出典：A氏とその妻へのインタビューにより筆者作成

注2：シェリネとは、近所の人10〜15日毎にお互いの家を順番に行き来し、1頭の羊をさばいて食べる

注3：クルタン（羊の毛を刈る）時期に2か月間はアルバイトの期間であるが、地元村であるため日帰りで通った

注4：子供時代、年中常に近隣川へ3日間に1回程度ロバで水汲みに行くのは子供の仕事であるため、水汲みの際に、夏は川遊び、冬はそりやアイスホッケーを楽しんだ。

家々の設計・施工の仕事をしていた．母親は専業主婦であった．このような両親の職業は，彼の父親が村の中では知識階層に属していたことを示している．

A氏は，1959年9月1日に1年生（日本の小学校1年生に相当）となり，それから1962年5月までの3年間同村の学校に通ったが，1962年9月から1968年5月末までの4年生から9年生（日本の中学校3年に相当）までの間は首都フルンゼに住む父親の弟の家で暮らしながら勉強をしていた．A氏がこの間首都にいたのは，首都で仕事をしているその叔父が，A氏を含む甥たちを自宅に住み込ませ，勉強させていたからである．また，A氏の父親は3人兄弟の長男であり，村にいる一家の子供たちにより良い教育をさせることを望んでいたこともある．1968年9月から1969年5月末までの10年生の時にA村に再び戻り，そのまま学校を卒業した．このように，A氏の家族は教育熱心な家族であったことが推察される．

小学校1年生から4年までは，毎年春（5月中旬）に地元の川沿いで盛大に開催される農村春祭りトイ（Toi）に行った．住民によって祭り用に設置された伝統的な組み立て式家屋で豪華な食事（大量の羊の肉，揚げパン，お菓子等）や，レクリエーション，コンサートを楽しんだ．A氏は当時の観光や楽しかったことについて次のように振り返っている．

> 地元の村での最大のお祭りは，毎年春に家畜の出産が終わった頃に行われるマルチ（malchy）トイ（Toi）祭りであった．この日になると川沿いに地元住民が多く集まり，キルギスの伝統的な家ボズ・ユイを建て，たくさんの羊をさばいて，揚げパンを作り，それを皆で食べたり，コンサートをしたりして春の訪れや家畜の出産を祝った．お祝いにその地域の共産党のトップが訪れ，コルホーズで家畜の面倒をみた農民（マルチmalchy）に対し，家畜の出産のノルマ達成に対するディプロマ（賞状）の授与やプレゼントの贈呈が行われ，農村にとって盛大な祭りであった．農民は皆喜び，楽しかった．

以上のような農村地域で開催された家畜の出産時期を祝う春祭りはソ連以前にもあったが，ソ連時代に入ってからはノルマの達成やそれを称賛するように

なり，祭りがソ連の生産力向上を目的としたものへと変化したと考えられる．

　A氏は夏休みになると，時々親と親戚の草原に行き，馬乳酒を飲んだり，馬に乗ったり，羊の骨で遊んだりした．最も楽しかったのは草原にいる近所の子供たちとレスリングや羊の骨で遊んだことであったという．また，草原で暮らす複数の家族がシェリネ（Sherine）を開いた．前述したようにシェリネとは一定期間ごとに近所・親戚・友人・知り合いの間で互いの家に順番に招待し合い，食事や会話を楽しむ交流のことである．A氏の親も幼少時代に草原で近所の人たちと10〜15日ごとに互いの家を訪問し，順番に1頭の羊をさばいて食べた．当時，都市から離れるほど砂糖の入ったお菓子は貴重な食べ物だったため，シェリネで自宅に来客があったときや，あるいは近所の家に招待されたときに甘いキャラメルやクッキー等のお菓子も食べられたのが嬉しかったという．ほかにも，夏休みの初めに先生とクラスの友達と一緒に近隣の川にエクスカーションに行き，ボール遊びやキルギスの伝統的なさまざまな遊びをしたり，秋には地元の村で開催される秋の収穫祭（春の祭りと同様の盛大な祭り）に出かけた．

　4年生から6年生まであった3か月間の夏休みは，コルホーズの羊の毛を刈る時期クルクンにあたり，コルホーズやソフホーズでの羊の毛の運搬や，小屋から刈り場所までの羊の誘導のアルバイトに1シーズン（2か月）150〜200ルーブル（当時，小麦粉50kgが13，14ルーブル）で従事した．稼いだお金は親に渡し，そのお金で親が新学期のための洋服や文房具を買ってくれた．夏休みの残りの1か月は，実家の30アール（3,000㎡）の庭の草刈仕事を手伝ったり，空いた時間に友達と遊んだり，羊の肉やお菓子を食べたり，上記の親戚の草原に行ったりして過ごした．A氏は小学校4年生から高校まで首都で暮らしたため，冬季には学校の先生やクラスメイトとサーカスに毎年1度行った．

　（日本の中学校にあたる）7年生から9年生までと，高校の夏休みには，上記の草原以外に，近隣の村に設置された文化クラブへ月1回，映画やコンサートを鑑賞しに行った．また，実家の草刈仕事や家畜（馬1頭，牛1頭，羊10頭）のフンから燃料を作る等，肉体労働で家族の長男としての責任を果たした．

　以上のように，A氏の観光に関連する経験は，小学校時代には，ソ連のシステムによって開催されるようになった地元農村の春・秋祭りや毎年学年末に

行われた先生やクラスメイトとの近隣の川や公園へのエクスカーションのほか，伝統的な草原観光や近隣の川への水汲みの際に行った川遊びやそりといった日常生活の中から生み出されたもの，アイスホッケーであった．また，12歳〜17歳までの夏季休暇に地元ではなく近隣村の文化クラブにまで行ったのは，ソ連政府がすべての農村地域に娯楽を与えられなかったことを示している．

　A氏は，1969年9月に首都フルンゼのキルギスA医科大学に入学し，1975年7月に卒業した．一般的な奨学金は28ルーブルであったが，A氏は熱心に勉強し，成績優秀者であったため最も高い奨学金56ルーブルが支給された．そして，クラスの学級委員長も務めた．

b) 青年期の政府主導の観光
農業・建設集団活動
　大学生時代の4年間にわたり，A氏は2か月の夏休みの間に，20人〜30人の大学生グループで学生建設集団活動 Studencheskiy stroitelnyi otryad に参加した．学生建設集団活動とは，都市に住む大学生や教員等が夏休みの時に一時的にコルホーズやソフホーズに行って建設中の施設を手伝う労働集団のことである．A氏の場合は家畜小屋（koshar）の建設を手伝った．また，実家に帰省した際は，草刈りや草集め，家畜のフンでの燃料作り，家や家畜小屋のレンガ作り等の家の手伝いをした．

　建設集団活動には20人〜30人の大学生から構成される複数のグループがあり，グループごとに仕事の指導，監督をする司令官がいた．この司令官は各大学に組織されていたコムソモールの代表であり，実質的には共産党職員であった．司令官は学生たちのノルマを管理しており，厳しい監視のもとでの仕事であったことが理解できる．建設集団活動は，自分の意思で真剣に働きたいという者が集められた．

　A氏の当時のスケジュールは，午前7時に起床し，朝食（建設集団活動に参加している2人の女性が作る）を食べて，午前9時から午後6時まで仕事をするというものであった．仕事は，小屋の資材となるセメントを混ぜたり，セメントを運んだりするもので大変だったという．だが各グループでノルマの達成を競い合い，勝ったグループが負けたグループよりも高い特別給をもらえる

など，ゲーム感覚で行われた仕事であったことが，大学生の労働に対するモチベーションの一つにもなっていた．仕事後に時々，文化クラブでの映画やコンサート鑑賞の他に，仲間でギターを弾いて歌を歌って過ごすなど，当時，あまり娯楽のない社会主義社会の中で学生が自分たちで楽しみを見つけていた．

　A氏は，建設集団活動によって1シーズンで200〜300ルーブルを手に入れ，このお金を新学期の洋服代や文房具代等に充てていた．

　以上のように，A氏は10か月間首都で毎日勉強に励む一方，村での建設集団活動では共産党監視下で重労働に従事していたにも関わらず楽しさを見出していた．そのため，大学生にとっては建設集団活動での労働と学生間の交流は貴重な娯楽であったと考えられる．

　A氏は大学生時代，毎年秋の9月15日から11月15日までの2か月間に，大学生が収穫の手伝いをする農業労働（Selhozrabota）に参加していた．そこには大学のキュレーター（各グループを担当する1人の教員）や収穫の手伝いをする教員も同行した．A氏は農業労働へ行く際の汽車の旅を次のように振り返っている．

　　農業労働では医科大学，女子教育大学，そして国立大学といったキルギス共和国の上級大学がキルギス南部のジャラル・アバッド地域へ綿の収穫に行き，それ以外の大学は首都近郊の村に赤カブとジャガイモの収穫に行った．上級大学はジャラル・アバッド地域に汽車で2日間かけて行った．初めて乗った汽車の旅では，汽車の中で家から持参した食事を友達と一緒に食べたり，トランプをしたり，ギターを弾いたり，歌ったりして長い時間を過ごしてとても楽しかった．

　このことから，遠方地域に行けるのは上級大学生の特典であり，政府が学生個人のみならず大学のレベルにも応じて農業活動時に学生の仕事場所に差をつけていたことが考えられる．

　農業労働では1日1人あたり40〜50kgという綿の収穫量のノルマがあり，給料は10日間か15日間ごとに収穫量に応じて支払われた．ノルマ以上働いた場合には報奨金がもらえる制度があり，A氏は50〜60ルーブルをもらい，そ

の中から食費を払っていた．コルホーズが用意するシイパン（Shyipan）と呼ばれる小屋に無料で宿泊し，食事は学生の中から希望者が担当して作っていた．A氏は農業労働と当時の観光について次のように述べている．

　　綿の収穫方法を知る者にとって仕事は難しくなかったが，やり方がわからない者の中には腰を痛めた者もいた．だが，仕事後は皆と一緒に映画やコンサートを見に行ったりして楽しかった．この時に知り合い結婚したカップルも多かった．また，雨が降ると綿を収穫できないので，友達と一緒にウズベキスタンのアンヂジャンやサマルカンドを訪問したことが楽しかった．

以上のような農業労働は大学生たちの秋の強制的な仕事であったが，当時の学生たちはそこで観光と交流の機会を得ていたと言える．

結婚生活による観光の変化

　A氏は，大学生時代の1973年に結婚した．結婚相手はB大学の学生で，友達を通して知り合ったが，恋愛結婚ではなく誘拐婚であった[36]．同年に長男が誕生した．結婚後，2年続けて11月と12月に月2回程度，勉強後にピシュペク駅で，4〜5人で石炭の台車を列車から降ろすアルバイトをして家計を支えていた．石炭台車1台分の報酬は12〜15ルーブルで，副収入として助かったという．当時は夫婦2人とも学生で学業と育児の両立が難しかったため，夏休みになると長男（生後8か月）をA村に住む両親に預けた[37]．

　A氏は結婚後，夏休みの建設集団活動には参加しなくなり，以前のような集団労働による観光ができなくなったが，夏は実家に帰って仕事を手伝ったり，家族を養うためにアルバイトをしたりするようになった．当時の観光について次のように語っている．

36　誘拐婚（アラ・カチュー ala kachuu）：男性が女性の意思に関係なく自分の家に連れ込んで，結婚させる習慣であり，中央アジアでもキルギスとカザフスタンに存在し，ソ連時代でもなお一般的な結婚の一つであった．なお，誘拐婚は現在では法律で禁じられているが，キルギスの伝統的な結婚であると勘違いしている人が多いため残存している．
37　キルギスでは学生結婚が多いため，一般的な子育て方法である．

　夫婦2人とも首都の大学生で，毎月101ルーブル（私が56ルーブル，妻が45ルーブル）の奨学金を受け取っていたので，そのうち50ルーブルを毎月首都の貯金金庫（sberkassa）に預けていた．それでも，残りのお金で十分に生活ができた．映画館の入場料は20コペイカと安価であったため，当時流行ったインド製の映画を週1回ほど観に行った．そのほかに，友達や親戚のパーティー（トイ）やシェリネに行く際に，5ルーブルを持参したり，パレードの時に広場に出かけアイスクリームやジュースを飲んで，時々カフェでご飯を食べたりした．週末や誕生日の時に家に友達を招待してパーティーをした．また，夏季休暇中に夫婦の実家に10日間ずつ里帰りし，実家の畑仕事等を手伝ったり，友達や親戚を訪問したりして楽しかった．

　以上のように，A氏は結婚後，大学生が参加する建設集団活動や農業労働に行かなくなったが，代わりに妻との映画鑑賞や，友達や親戚との交流，休暇中の里帰り，家の手伝いをするようになり，結婚というライフステージの変化とともに，A氏の休暇の過ごし方も変化していった．

c) インテリ・エリートへの段階的昇格とクロールト観光

　A氏は，1975年7月に首都フルンゼのキルギスA医科大学を卒業し，同年にソ連保健省からキルギスのF州B地区の地区衛生伝染病管理センターの部長・医師に任命された．B地区は首都から遠く，開発の遅れた地区であり，当時，地区の生活レベルの向上を目的として，首都の大学を卒業した学生が派遣されることになっていた．A氏は就職後の様子を次のように思い出している．

　　当時，B地区では水道が整備されず，灌漑溝の水を飲んでいたため，下痢をする人が多かった．私の仕事は地区住民の家，学校や保育園，食堂や店等での衛生状況の検査であった．こういった難しい状況の地区で働くのは大変だったが，たくさんの経験ができた．しかし，仕事が忙しいため長期休暇を取れなかった．

　A氏は，B地区での仕事の成果が国に認められ，1978年12月にF州のC地区の衛生伝染病管理局（60人のスタッフが勤務）の医長に転職し，1983年（31歳）に温泉クロールトへのバウチャーを初めて手に入れた．なお，A氏は1975年から1980年にかけては，仕事や家族の事情で忙しく，この期間は夏にイシック・クル湖観光や里帰りを行う程度で，冬はほとんど観光しなかったという．A氏は1983年にバウチャーを手に入れたことについて次のように述べている．

　　バウチャーを手に入れたのは就職して8年目の1983年の11月であった．同年に，仕事で成果を上げたため，当時選ばれることが難しいとされていた共産党党員にもなれた．温泉クロールトへのバウチャーは地区の労働組合に配布されてきたもので，1年間に4，5人分が届いていた．24日間滞在のもので，妻と2人[38]で行くなら2週間滞在が可能であった．その温泉クロールトはイシック・クル湖畔に位置するゴルボイ・イシック・クルというところであった．このようにして，私の努力が認められたときは嬉しかった．

　これらのことから，ソ連では厳しい労働管理が行われ（Novoselov　1961），仕事で成果を上げた者には報奨として温泉クロールトへの観光が与えられたことが分かる．さらに，A氏は夏になると，担当地区で病気が多発し，仕事が忙しくなることから，夏は長い休暇が取れず，秋の11月にしか温泉クロールトに行けなかった．

　A氏は1983年〜1990年までは2年に一度温泉クロールト旅行に出かけた．当時，長期休暇を1年間に36日間取る権利があったが，仕事が多忙であったため一度に取得できる休暇期間は12日間であり，残りの日数は5日間や10日間に分けていた．A氏は毎年12日間の休暇を取り，秋に温泉クロールト旅行

38　1960年代以降モスクワやレニングラードの大都市，あるいは，ソチ等に建設されたホテルは家族で宿泊することができた（Granilshikov　1983）．一方で，バウチャー制のクロールトは大人専用であり，ソ連の労働者はクロールトを1人，あるいは，妻と一緒に利用することが多かった（Palmer 2006）．

表 4-3　A 氏の就職後の主な観光（1975～1990 年）

年	時期	観光先	期間	宿泊	食事	観光の内容
1975年～1990	夏	イシック・クル湖	3日間（時々）	親戚の家	親戚の家	湖水浴・日光浴
1981	冬	カザフスタン・アルマタ	3日間	一等書記の家	一等書記の家	アルマタ市内観光、スケート
1983	秋	ゴルボイ・イシック・クル温泉クロールト	12日間	温泉クロールト	付き	温泉治療、マッサージ、船乗り；滞在中に知り合った人と交流やシェリネ
	冬	カザフスタン・アルマタ	3日間	一等書記の家	一等書記の家	メデオスケートリンク、市内観光
1985	秋	ゴルボイ・イシック・クル温泉クロールト	12日間	温泉クロールト	付き	温泉治療、マッサージ、船乗り滞在中に知り合った人と交流やシェリネ
1986	冬	カザフスタン・アルマタ	3日間	一等書記の家	一等書記の家	メデオスケートリンク、ロープウェイ、市内観光
1987	秋	ジェティ・オグズ温泉クロールト	12日間	温泉クロールト	付き	温泉治療、マッサージ；滞在中に知り合った人と交流やシェリネ
1988	秋	ジャラル・アバド温泉クロールト	12日間	温泉クロールト	付き	温泉治療、マッサージ；滞在中に知り合った人と交流やシェリネ
1989	秋	イシック・アタ温泉クロールト	12日間	温泉クロールト	付き	温泉治療、マッサージ；滞在中に知り合った人と交流やシェリネ
		モスクワ・キエフ	1週間ずつ	ホテル	付き	モスクワ・キエフ市内観光
1990	秋	イシック・アタ温泉クロールト	12日間	温泉クロールト	付き	温泉治療、マッサージ；滞在中に知り合った人と交流やシェリネ

注 1：毎年春（5 月 1 日）と秋（11 月 7 日）にパレードや祭りに行った。

注 2：毎年夏に、1 週間里帰りし、友達や親戚と交流した。

注 3：時々首都フルンゼに出かけ、サーカスや大型デパートに家族で行った。その際、親戚や友達の家で宿泊した。

注 4：夏は時々親戚や友人の家で家宿泊し、3 日間イシック・クル湖で湖水浴、日光浴をした。

出典：A 氏へのインタビューにより筆者作成

に出かけた．夏にも行きたかったが，夏の温泉クロールトのバウチャーは手に入らなかったという．バウチャーはモスクワや首都フルンゼの人に優先的に配給されており，ソ連政府・労働組合によってバウチャー配布条件に差がつけられていたと考えられる．

温泉クロールト滞在中は，友達や親戚，部下，後輩が骨付き羊肉（1頭の半分），自家製焼きパンと揚げパン（ボールソック），ピラフあるいは麺[39]，菓子類や酒を持参して訪問していた．妻と2人だけではそれらを食べきれないので，温泉クロールトに滞在中の4〜5人とキルギス人の伝統的な交流のシェリネを行なった．温泉クロールトで知り合った滞在中の人たちと互いの部屋に2日間に1回程度行き来し，訪問客が持参した食べ物を一緒に食べたり，お酒を飲んだりした．また，イシック・クル湖のクルーズ船に乗るほか，現地を巡る遠足にも参加した．A氏は温泉クロールトでの過ごし方について次のように述べている．

　　温泉クロールトでは，朝8時から9時に朝食（パン，おかゆ，チーズやソーセージ等の温泉クロールトで用意された健康的な食事），9時から12時までさまざまな治療（物理治療，マッサージ，温水プールあるいは温泉湯船に10分だけ入る治療，泥治療）を受け，13時から14時に昼食を採った．14時から16時までは寝たりした．16時におやつの時間（ヨーグルトや甘いパン）があり，16時から18時までの自由時間に散歩をし，18時から19時までが夕食の時間，そして，19時から22時までの自由時間に温泉クロールトで休暇中の人と交流していた．4〜5家族が2日に1回，順番にお互いの部屋でお茶を飲んだり，ご飯を食べたり，チェスをしたりしたのが楽しかった．交流する人のほとんどが各地域から集まった社会的地位の高いキルギス人であったが，たまにコルホーズのチャバン（コルホーズの家畜の面倒を見る人）もいた．

これらのことから，A氏の温泉クロールトでの滞在の楽しみは，温泉浴，泥

39　キルギスの伝統料理ベシュバルマク（羊の肉と麺，もしくはピラフ）で御馳走するために麺を持参した．

治療，物理治療やマッサージ等を受けることや，遊覧船，現地を巡る遠足参加等であった．これは，浅見（1977）で報告されたヨーロッパの温泉利用と類似する．また，大島（1965, 1967）によるとこれらは全ソ連のクロールトに導入された温泉療法である．キルギスのクロールト利用が他のクロールト利用と異なる点は，クロールト利用者同士の交流である．つまり，A 氏の温泉クロールトでの滞在は妻と 2 人だけの孤立した観光ではなく，同じく仕事で成果を上げた人たちとの夏の仕事後のリラックスした状態での交流であったことが推測される．

　A 氏は，温泉クロールト旅行の他に，共産党 F 州 C 地区第一書記と観光に出かけた．その人は同郷ということもあり，A 氏を可愛がったという．そして，A 氏は第一書記がカザフスタン共産党アルマタ学校在学中の 1981 年，1983 年と 1986 年にカザフスタンに誘われ，妻とそれぞれ 3 日間滞在した．アルマタ市内観光のほかにスケート場，ロープウェイやスキー場に行った．

　そのほかに，A 氏は時々首都フルンゼに家族で出かけ，大型デパートへの購買旅行や子供たちとサーカスを楽しんだ．その際，親戚や友達の家で宿泊して常に交流していた．

　また，毎年夏の土日の休暇にイシック・クル湖近辺の友達や親戚の家に泊まり，湖で湖水浴や日光浴をした．だがほとんどの場合，夏期の 7〜8 月は病院の仕事の他に，コルホーズの手伝いとして草刈りの仕事（農業集団労働）もしなければならなかった．1 か月で 40ha の草を刈り終えるまでは，その村に持参したテント内で泊まっていた．また，部下たちは順番で長期間の休暇をとることができたが，上司であった A 氏は長期間の休暇を取れずに草刈りの仕事をしていた．さらに，冬は標高の高い山で牧畜している人々を訪ね，生活状況（食料の有無，郵便の配達状況，家畜の餌の有無，医療援助の行き届き）の確認もしていた．

　A 氏は，C 地区でも成果を上げたことから，フルンゼからさらに遠方にある D 地区の地区セントラル病院院長に転職し，1983〜1986 年まで 3 年間働いた．その後 1986 年 12 月に，F 州 A 地区病院に医長として転勤し，1990 年まで働いた．そこでの勤務中の 1987 年にバウチャーによりジェティ・オグズ温泉クロールトに訪問したほか，1989 年にモスクワで開かれた第一回全ソ連医療会

議に出席した際にはモスクワ市内を観光した．同年，ウクライナのキエフ市に研修に行くことになり，研修が終わる頃に妻を呼び寄せて2人で観光した．

d）観光の獲得手段とコネクション

　以上のように，A氏が温泉クロールト観光やモスクワ観光もできたのは，彼の仕事の成果の他に共産党キルギスF州C地区第一書記との関係も緊密だったからだと考えられる．ソ連時代には給料の差がほとんどない代わりに，ソ連政府は仕事の成果に応じてバウチャー等を配布することで，生活レベルに差をつけていたと考えられるが，そのバウチャーを手に入れるために仕事の上司等のコネが重要な役割を果たした．

　表4-4はA氏が仕事上付き合った社会主義時代の上司に贈ったものの一覧である．なお，A氏はソ連時代に友達と親戚とも交流が深く，祭りや誕生日の際にプレゼント交換をしていた．例えば，A氏の妻が記述した当時の贈り物のやりとりをみると，1970年代後半に家族や友達の女性に，当時流行したネザブドカという香水（5ルーブル）や日本製スカーフ（2ルーブル），チェコスロバキア製の食器等，男性には伝統的な帽子カルパックやワイシャツ等のプレゼントを多く贈っていた．写真4-1は1979年に親戚や友達を訪問した際に贈った品物（スーツや食器）の一部のメモである．また，1980年には親友の母親の60歳祝いに200ルーブルの金の指輪を贈った．しかし，最も高額なプレゼントは1978年から1990年まで仕事での付き合いのあった上司へのプレゼントである．表4-4を見ると，A氏が1978年にF州C地区に転勤してから贈り物のやりとりが始まる．

　1978年から1981年までの間に贈り物を数多くした相手は，当時のF州C地区の共産党第1書記とその家族である．F州C地区の共産党第一書記はA氏と同じF州A地区A村の出身でもあったため，最も付き合いが緊密であったという．贈り物の機会は毎年3月8日の婦人デーや，11月7日の革命の日，正月の他に，共産党第一書記の息子の結婚式等であり，贈り物は1頭の羊や金の指輪，香水，スカーフ等，合わせて100ルーブルから200ルーブルのものであった．なお，第一書記の家に贈り物をした時に，A氏とその妻も返礼品を受け取っている．A氏が第一書記に贈った最も高額な物は，1981年に共産党

表4-4　社会主義時代のA氏の贈り物一覧

年	誰が	誰に	メインプレゼント	総合値段（ルーブル）	理由
1978	A氏の妻と友達の奥さん	F州・C地区共産党第1書記の奥さんに	金の指輪	200	3月8日の婦人デーの祝い
1979	A氏と妻	F州・C地区共産党第1書記の家族に	1頭の羊	100	11月7日革命の日祝い
			ケーキ，シャンパン	20	お正月祝い
	A氏友達3家族でそろって		3家族そろって500ルーブル	600	彼の息子が結婚した花嫁を見るためにお金を上げる風習（Koryndyk）
	A氏と妻	F州・C地区共産党第1書記の奥さんに	日本製スカーフ	100	3月8日婦人デー祝い
		F州・C地区共産党第1書記の家族に	1頭の羊	100	11月7日革命の日祝い
			ケーキ，シャンパン	20	お正月祝い
1980		F州・C地区共産党第1書記の奥さんに	食器セット	100	3月8日婦人デー祝い
		F州・C地区共産党第1書記の家族に	1頭の羊	100	11月7日革命の日祝い
			ケーキ，シャンパン	20	お正月お祝い
1981		F州・C地区共産党第1書記の奥さんに	香水	100	3月8日婦人デー祝い
		F州・C地区共産党第1書記の家族に	1頭の羊	100	11月7日革命の日祝い
			ケーキ，シャンパン	20	お正月祝い
		F州・C地区共産党第1書記本人に	1頭の馬（2歳）の肉&羊	800	共産党アルマタ学校卒業の祝いに，尊敬と，心からのお手伝いとして
1983			1頭の羊	100	A氏が転職した先の上司に，その挨拶＋お礼
1984		F州共産党第3書記本人（女）	1頭の羊	100	挨拶＋3月8日婦人デー
1985			200ルーブル＆1頭の羊	300	州共産党第3書記がモスクワに会議に出かけるので，その見送り
1986		F州・A地区共産党第1書記に	1頭の羊	100	A氏が州・地区の地域病院主医に転職し，その挨拶
		F州健康保健長の家族に	1台の小さいカラーテレビ	200	F州健康保健長の転職祝いプレゼントに
		F州健康保健長に	1頭の羊	100	
	A氏の妻と友達の奥さん	F州・C地区共産党第1書記家族に	200ルーブル＆1頭の羊	300	第1書記の息子が結婚した時，その花嫁を見るための伝統のやり方
1987	A氏と妻	F州健康保健長に	1頭の馬（2歳）	800	州健康保健長の息子が結婚した祝い（Koryndyk）

A氏のライフヒストリーにより筆者作成，2014年

注：メインプレゼントにいつも足して持っていく定番のものは：1本のコニャック，1本のウオッカ，1キロのキャンディ，1キロのクッキー

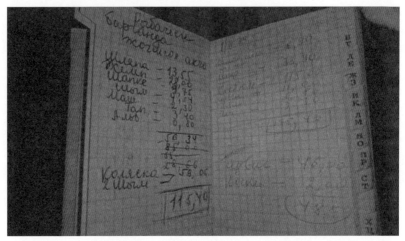

写真 4-1　A 氏の妻の家計簿に記載された親戚・友人への贈り物の一部（1979 年）

アルマタ学校卒業の祝いに送った 1 頭の馬（2 歳）の肉と羊である．A 氏は当時のことを次のように振り返っている．

　　　第一書記が学校を卒業時に，学校の先生等にお礼のプレゼントをあげなければならないとなった．私は彼を尊敬していたので，心からのお手伝いとして 1 頭の馬の肉と生きた羊を妻と車で運んだ．その時に，彼の家で 3 日間滞在し，アルマタ市内観光もできて楽しかった．

　以上のように A 氏は F 州 C 地区の共産党第一書記と緊密な関係にあり，贈り物や手伝いをする一方で，A 氏もそれを通じてカザフスタンのアルマタ市内観光の機会を得ており，当時の 2 人の間には相互扶助の関係が存在する．

　1983 年 F 州 C 地区から D 地区に A 氏が転職した時には，F 州共産党第三書記の女性に赴任の挨拶やお礼として，そして婦人デーのお祝いに一頭の羊を贈った．また，1986 年に A 氏が F 州 A 地区にある地域病院の主任医に転職した際には，F 州 A 地区共産党第一書記に挨拶として 1 頭の羊を贈った．また，共産党関係の上司のみならず，F 州健康保健長といった上級の地位の人とも緊密な関係にあった．

　以上のように A 氏は家族・親戚以外に，仕事上で上司と付き合いが多く，彼らへ贈り物をしてきた．A 氏は上司に対する贈り物は尊敬やお礼の気持ちの表現であると述べているものの，贈り物は社会主義時代において仕事の地位を上げるためにも必要なものであったと考えられる．社会主義時代には仕事で昇進し，ノーメンクラツーラと呼ばれる共産党の幹部と親しくなると，クロールト旅行やダーチャ，車，輸入家具，食器や衣類等が入手しやすかった．A 氏も 1983 年に最初のクロールト旅行へのバウチャーを手に入れ，同年に共産党員にもなった．この背景には彼の努力の他に 1978 年から始まった F 州 C 地区共産党第一書記との親密な関係があったと言える．

2　資本主義化以降の観光

a）ソ連崩壊後の混乱期（1991～1995 年）

　ゴルバチョフのペレストロイカ政策により行われた 1990 年の民主的な国会議員選挙において，A 氏は A 地区の国会議員に当選し，1995 年まで務めた．国会議員でありながら 1991 年の 2 月に F 州保健管理局局長にも選ばれた．1991 年のソ連の崩壊と共にキルギスは低迷時期に陥った．当時国会議員を務めた A 氏は，国会議員および F 州保健管理局局長として 1992 年から 2000 年までヨーロッパに 1 週間の保健視察や 1 か月のアメリカ医療研修に出かけた（表 4-5）．その際に，ヨーロッパやアメリカの市内観光ができたという．当時のことを A 氏は次のように振り返っている．

　　ソ連が崩壊し，ソ連内の他の国と同様にキルギスも大変だった．1995年まで国会議員を務めたが，当時の議員たちと一緒に 1993 年にキルギスの国旗，国歌や通貨を決めた．それと同時にヨーロッパに医療システムの視察に出かけ，キルギスの低迷時期を乗り越えるように努めた．ヨーロッパやアメリカに出張に出かけた際に出張先で市内観光もできて，帰ってくる際に家族や友人にヨーロッパやアメリカの衣類やお菓子等を買ってきてあげた．当時はバナナがキルギスになかったので，1992 年のトルコへの出張の時に家族にバナナも買ってきてあげた．

108

表4-5　A氏のソ連崩壊後の主な観光（1991～2016年）

年	観光先	滞在期間	きっかけ
1991～2005	F州A地区E村在住の友人の草原	夏に10日間ずつ	農民であり，草原を持つ国会議員の友人の家に招待された
1991～2000	イシック・クル湖畔（親戚・友人宅宿泊）	夏に時々，3日間	親戚・友人を訪問など
1995～2005	キルギス国内の温泉クロールト	秋に10日間ずつ	労働組合のバウチャーで
1991～2016	キルギス国内の家族・親戚・友人の家やレストランで行われるイベントのトイ・アッシュ（Toi Ash）等．行き先が遠所の場合その周辺観光も．	日帰り～1週間まで	トイ・アッシュ（Toi Ash）の招待，あるいは，自発的にお祝いしに行く．
1992	トルコ	1週間	国会議員として
1993	ドイツ	1週間	保健管理システムの視察
1994	アメリカ（ボストン）	1ヵ月	医療研修
1997	スイス	1週間	保健管理システムの視察
1998	イギリス＆スウェーデン	1週間	医療や保健のシステムの視察
2000～2007	イシック・クル湖畔	夏に，時々7日間	弟家族がイシック・クル湖畔でホテルビジネスを始めたから
2008～2015	イシック・クル湖畔	毎年夏，10日間	娘が土地を買って，家族皆で小さな家を作ったから
2008	オーロラ温泉クロールト	秋に10日間	国家名誉年金生活者が3年間に1回無料のバウチャーをもらえる制度を利用して
2006～2016	F週C地区親戚の草原	夏に10日間ずつ	妻の妹家族に家畜を飼えるように小屋を購入してあげたため

出典：A氏へのライフヒストリー調査により筆者作成

　以上のように，ソ連崩壊直後のキルギスは低迷期に陥ったが，A 氏は国会
議員や州保健管理局局長の仕事の際にヨーロッパ観光も可能であった．また，
ソ連崩壊以降 A 氏の国内観光も変化した．

　A 氏は 1991 年から夏に家族と一緒にキルギス国内に草原観光に出かけるよ
うになったが，きっかけは 1990 年に同じく国会議員になった農民の友人がで
きたことである．その友人はソ連崩壊後に，自由に家畜を殖やせるようになっ
たことで，家族や友人を F 州 A 地区の E 村に所有する自身の草原に誘うよう
になった．A 氏は当初の草原観光について次のように振り返っている．

　　農民の友人家族が，年中暮らしている山の麓の家のそばに伝統的な組み
　立て式家屋を建てた．そこに宿泊しながら 1 日 3〜5 回しぼりたての馬乳
　や馬乳酒を飲んだり，羊を食べたりした．翌年から近隣の川での網を使っ
　た釣りが楽しみに加わり，年々草原観光の内容が変化していった．さらに
　民営化により近隣の山の多くを所有するようになった友人が，2000 年か
　ら夏季の生活場所を約標高 4,000m の草原にも移したので，私たちは高所
　まで草原観光に連れて行ってもらった．標高 4,000m の草原は気温が低く，
　夜になると石炭や家畜のフンで作られた燃料で暖房をつけて寝なければな
　らなかったが，高所の方が草の質が良いので，馬乳や馬乳酒，羊の肉がお
　いしかった．また，草原で馬に乗ってリラックスしたり，友人やその家族
　とトランプで遊んだりして交流を楽しんだ．

　草原観光の他に，A 氏はソ連崩壊以降も妻との温泉クロールト旅行には行っ
ていたが，バウチャーの金額等が変化した．A 氏はそれについて次のように
述べている．

　　ソ連時代，私は労働組合から温泉クロールトのバウチャーを総額の 10％
　の値段で入手していたが，ソ連が崩壊してからは 30％ を払わなければな
　らなくなった．さらに，ソ連崩壊直後，温泉クロールトの管理状況も悪化
　し，温泉クロールトが電気やガスの料金を支払えない，温泉や泥治療を行
　えない等の問題が発生したため，しばらくの間（1995 年まで）温泉クロー

110

表 4-6　A氏の資本主義化以降の贈り物一覧

年	誰が	誰に	メインプレゼント	総合値段	理由
1991～1992	A氏と妻	F州元共産党第三書記本人（女）	日本製スカーフ	100ルーブル	今まで付き合っていて，尊敬しているため3月8日のお祝い
			ケーキ，シャンパンなど	20ルーブル	お正月お祝い
			香水	100ルーブル	3月8日婦人デーお祝い
2000～2003	A氏が妻と，もう1人の友達家族と一緒に	C州知事の家族に	1頭の羊と馬の肉を1食分	150ドル	C州を観光するために呼ばれ，訪問した際に

A氏のライフヒストリーにより筆者作成 2014 年

注：メインプレゼントにいつも足して持っていく定番の物：1本のコニャック，1本のウオッカ，1キロのキャンデイ，1キロのクッキー

ルトには行けなかった．

　これらのことから見ると，ソ連崩壊以降も報奨として温泉クロールトが配給されるという制度自体は変わっていないが，バウチャーの購入金額が変わるなど，徐々に資本主義化の影響が見られるようになったことが理解できる．

　資本主義化以降の上司への贈り物リスト（表 4-6）を見ると，1991 年のソ連崩壊後も上司へ贈り物をしており，A氏と同じ州の州元共産党第三書記との緊密な関係が続いたことが読み取れる．

　また，A氏はC州の知事からC州観光に招待され，その際に1頭の羊の肉と馬肉を持って行ったという．

　A氏はソ連崩壊直後から家族・親戚との贈り物のやりとりも多くなったという．写真 4-2 はA氏の家族・親戚との贈り物の記録である．例えば，1994 年のA氏の孫の1歳の誕生日では，伝統的な Toi（トゥショー・ケスュー・トイ Tushoo Kesyy Toi）にA氏は親戚や友人を集め，来客した男性たちに1頭の馬，ワイシャツ，ウォッカ，コニャックを，女性たちに1頭の羊，日本製のスカーフやコニャックを，子供には1頭の羊とナイフを贈っている（写真

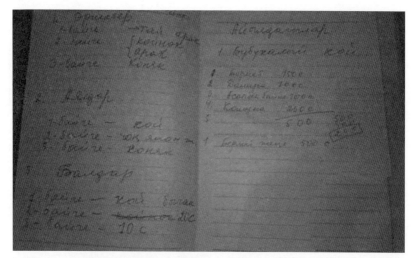

写真 4-2　A氏の孫の1歳の誕生日に開催した伝統的な Toi で親族・友人に使ったお金と贈り物のやりとりの一部（1994 年）

A 氏の妻の家計簿による

4-2）．つまり，資本主義化以降，家族・親戚・友人との贈り物のやりとりが増え，彼らと共に資本主義化への転換を乗り越えようとしたことが垣間見える．

b）資本主義体制への転換期（1995〜2005 年）

　A 氏は，1995 年に開催されたキルギスの英雄マナスの誕生 1,000 年記念祭で「マナス 1000」賞を，1996 年に国の大統領賞を贈られており，A 氏はソ連崩壊以降も仕事で成果を上げていたことが理解できる．その後の 1997 年にスイスへ，1998 年にはイギリスとスウェーデンへ医療・保健システムの視察に訪れた．その結果，キルギスに民間の医療サービスやドイツ式の自己負担による医療システムがもたらされ，ベッドの数に応じて国家が援助するソ連式のシステムではなく，患者の人数によって国家が医療機関を援助するシステムが導入された．このようにキルギス独立以降行われた A 氏の海外出張は，キルギスの医療や保健改革に貢献し，A 氏は 1999 年に名誉医師の称号を受けた．

　A 氏が 2000 年から 2005 年まで F 州議員委員会会長を務めたので，この時期に A 氏が滞在した温泉クロールトも上級階層向けの部屋であった．当時の

温泉クロールトのことをA氏は次のように振り返っている.

　　キルギスは1995〜1996年頃から資本主義への軌道に乗り，国の状況が
　良くなってきて，バウチャーが国，州，地区レベルの順番で再び配られる
　ようになった．だが相変わらず一つの地区の機関に1年間で最大10人の
　みに配られるといったように数に制限があった．

　また，1999年から始まった民営化により，公共施設の70%が民営化され，
いくつかの公共施設は自治体や個人の所有に移管された（Namatov　2016）.
イシック・クル湖周辺の土地開発も進み，イシック・クル湖畔では民宿から高
級ホテルにいたる幅広い宿泊施設が建設され，土日や休暇の際に湖に自由に行
けるようになった．表4-5が示している通り，A氏も2000年からイシック・
クル湖畔で開業した弟家族のホテルに，しばしば休暇へ出かけられるように
なった．その際，ホテルの宿泊料金は無料で，A氏は食材や100US＄のプレ
ゼント等を持っていくのみであり，平均的なホテルに宿泊するよりも安価で
あった．このことは，資本主義化以降の民営化によるホテル業の誕生を背景と
して，親戚との相互扶助によるキルギス国民の観光が変化したことを表してい
る.

c）資本主義体制確立期の観光（2005〜2016年）

　2005年までにはキルギスでは州レベルの機関が廃止されたため，A氏もそ
れまで従事していた州レベルの仕事を失い，首都ビシュケクにある保健省の国
民保健部部長に転任した．キルギスの社会体制の変化は30年間F州に貢献し
たA氏の人生に大きな変化をもたらした.

　2008年，国家名誉年金生活者が3年に一度無料のバウチャーをもらえる制
度が定められた．A氏も2008年に国家名誉年金生活者に選出され，同年にオー
ロラ温泉クロールトに無料のバウチャーで1度だけ行った.

　2009年にマネタイゼーション（貨幣化）の法律が成立し，無料バウチャー
の提供に代わって，バウチャーの金額が年金額に加算されるようになった．そ
の結果，A氏は名誉年金生活者として平均よりもわずかに多く年金を受給し

ているものの，バウチャーが大幅に廃止されたため温泉クロールトに行くことができなくなった.

　2009年にキルギスクロールト観光管理局という新たな組織が設立され，就業者に温泉クロールトや休暇ホームへのバウチャーが配布されることになった.新たな制度によりファンドの会員は保険料として給料の0.25～0.3%を管理局に支払うようになった.また，バウチャーを10%～30%で購入するというシステムは以前と変わらないが，2009年からは温泉クロールトや休暇ホームで自ら直接バウチャーを購入し，温泉プールや風呂を利用できるようになったのである.また，馬乳の時期（5～6月）になると，温泉クロールトに宿泊だけを目的として訪れる人もいる.さらに，浴室のバスタブに温泉が出る部屋や，食事の配達やマッサージ受診サービス等のある上級クラスの部屋も現れるようになった.

　資本主義化以降のキルギス政府の観光政策によって，A氏の配給制による温泉旅行の機会が減少し，2014年に一度自費で行くのみとなった.代わりに資本主義化以降のA氏の観光の中心は，妻の親戚の草原での10日間の滞在や，イシック・クルでの10日間の滞在となった.2000年に妻の妹家族に小屋を購入し，妹家族はそこで家畜を飼っている.夏になると妹家族は近隣の標高の高い山の草原にでるので，A氏家族は毎年草原観光に出かけている（写真4-3）.また，2006年にイシック・クルのサリ・オイ村にA氏の娘が土地を購入し，家族皆で小さな家を建てたので，2008年から毎年10日間その家で宿泊し，湖水浴や日光浴をして休暇を過ごしている.つまり，家族や親戚との相互扶助により観光が可能となっていると言える.

　このように，資本主義化後のキルギスではバウチャーが大幅に廃止されたことで，温泉クロールトへの旅行が金銭により売買される商品となった.また，社会主義時代にエリート・インテリ層に属していたA氏は年金生活者となり収入レベルが基礎階層に転じたため，費用のかかる温泉クロールト旅行ができなくなった代わりに，家族や親戚を頼った草原観光を行うようになった.

　以上，A氏のライフヒストリーをキルギス現代史の中に位置付けてきた.前述のように，彼はソ連時代には休暇で自由に温泉クロールトに行くことができなかった.彼の仕事は，F州の中で成長が遅れているB地区の地区衛生伝染

写真 4-3　A 氏が毎夏訪問する親戚の草原

2016 年 7 月，筆者撮影

病管理センター長の任務から始まり，C 地区，D 地区，A 地区といった F 州の各地区を転任した．A 氏によると，転任のたびに地域や新たな人間関係に慣れるのが大変だったという．それらの地区での仕事の成果が認められ，A 氏は共産党員になるとともに F 州保健管理局局長，F 州議員委員会会長，国会議員を務め，高い社会的地位を獲得した．また A 氏は仕事で成果を上げた報奨として温泉クロールトへの「観光」が与えられ，それが威信にもつながったことが読み取れる．さらに，社会的地位が向上するたびに，温泉クロールトでの滞在部屋がリュックスといったスイートルームに変わり，社会的地位の変化によって休暇環境も変化していった．A 氏は仕事のついでにモスクワやウクライナでの観光をしたり，長期間の休暇の際には，ソ連領内の多くの温泉クロールトを使用したり，ソ連時代には共産党地区第一書記に誘われカザフスタンまで観光したりしていた．

　しかし，社会的地位の向上に伴い休暇時に「観光」の機会を政府から多く配

給されたのは，A氏の仕事上での人間関係とその人たちに贈った謝礼品という社会的な要因が存在する．A氏は自身が昇進するたびに，共産党地区第一書記や第三書記との親密な関係の維持を目的として，彼らにお礼として物を贈っていた．A氏は，これは決して賄賂ではなく，尊敬する人に感謝の気持を伝えるために贈っていたのだと説明する．また，たいていA氏自身が共産党書記の家を訪ねることはなく，A氏の妻がお礼の挨拶に行っていたのであり，謝礼品の贈呈は妻が夫の出世のために行った行為であったと考えられる．つまり，休暇時に一定の人にしか与えられない温泉クロールトへのバウチャーや他の町への「観光」には，仕事上でのこういった深い人間関係も必要であったのではないかと推察できる．

　しかし，資本主義化以降のキルギスでは，温泉クロールトへの訪問はすでに仕事の報奨によるものではなく，一般化されたものとなり，経済的に余裕がある人しか行けなくなったため，市民の間に観光格差が生じた．A氏も現在は医者の仕事を続けているが，年金と給料が基礎階層レベルであるため，温泉クロールトに行けるような経済的な余裕がない．しかし，同時に，キルギス独立以降はソ連時代に認められていなかった湖での休暇も一般化した．イシック・クル湖近辺にA氏の子供の家があったことで，A氏の観光もバウチャーを用いた観光から，自由に行える「湖観光」へと変化した．また，独立以降，家畜飼育制限の廃止に伴い家畜の自由な繁殖が認められた結果，観光客への馬乳の提供が盛んになった．草原を所有する親戚もそのような家畜所有制限の撤廃により，馬乳を親戚や友人に提供する余裕ができたため，A氏も毎年そこを訪れている．親戚の草原への訪問時に食べ物やプレゼントを用意する必要はあるが，他の草原宿泊施設よりは低コストであるため，A氏も親戚の所を選択している．

　すなわちA氏が資本主義化後に基礎階層に転じたことで，A氏の観光はインテリ・エリート層にいたが故に享受可能であった温泉クロールト旅行から，子供や親戚からの社会扶助をもとにした草原観光という資本主義の論理から離れたものに移行していったと考えられる．一方で，経済的に余裕がある人は独自に海外旅行をするなど，資本主義化以降のキルギスでは観光の多様化が進行している．

第 3 節 ｜ インテリ・エリート層から新興富裕層へ達した者

1 ソ連時代の観光

　B氏（65歳，男）は，現在，外資系（イギリス資本）の化学会社とマイクロクレジット金融会社を経営しており，キルギスでは資産の証とされる家畜（馬と羊）も所有している．彼は，現在富裕層に属しているため，観光をする金銭的余裕があるが，社会体制転換の影響を受けてB氏の観光とその楽しさは時代とともに変化していった．

a) 幼年期の伝統生活に根付いた慣習としての娯楽

　B氏は，1951年に，キルギスのT州A地域のA村で，7人兄弟の長男として生まれた．B氏の父は1923年に同T州のB村で生まれ，祖母と弟とアドビレンガの家で生活をしていた．その家の一室を隣の村から来た母と子供3人の家族に貸していた．その家族の父親は1920年代から1930年代にソビエトキルギスの党首を務めたキルギス人であったが，支持者とともに国家の民族自決を考えたため，1938年のスターリンの政策により「ブルジョワ民族主義者」の汚名を着せられ，「国民の敵」であるとナショナリズムの罪で銃殺された．B村の隣の村からやって来たその家族は，1941年の1月～11月までの10か月間B氏の父親の家族と住むことになり，共同生活を送った．3人の子供たちのうち1人はB氏の父親と年齢が近いため，2人は同じ靴を交代で履いて2部制学校に通ったという．後に，彼はソ連や世界にまで名の知られた作家になった．

　B氏の父は第2次世界大戦中の1941年11月から1945年まで出兵し，1946年頃に結婚してA村に引っ越した．彼は高等教育を受けなかったが，A村の共産党オルグ（Partorg）を務め，村ソフホーズの農業生産計画（従業員の訓練，労働指標の実績，年間計画）を管理していた．当時の彼の給料は毎月200～250ルーブルと良く，加えて彼は個人管理の16アール（1,600m²）の土地を持っており，副業として妻とともにジャガイモを栽培し，隣村住民に売っていた．隣村住民にとって標高1,200～1,600mの高地で栽培されたオーガニック

ジャガイモは人気であった．また，彼は牛を1頭，羊を5頭飼育し，自給自足の生活をしていた．

　1951年A村で生まれたB氏は，ロシア語学校に通っていた小学校5年生までは村から一度も出たことがなかった．彼は幼少期，近所の友達とチュコ（Chyuko羊の骨を使うボウリングのような遊び）や，チュギュリュック（Chygyryk細い鉄で作ったおもちゃの車）で遊んでいた．また，家の手伝いも遊びに変えて楽しんでいた．例えば，春から秋にかけての夕方には，村の住民の牛を近くの放牧所から連れて帰る際に，その牛のしっぽを引っ張って遊び，友達と一緒に1km先の小川まで水汲みに行く際には，夏は水遊び，冬はアイスホッケーで遊んだ．秋には，実家のジャガイモの収穫を手伝った．以上のことから，牧畜業と農業が盛んなキルギスの伝統的農村であるA村でのB氏の楽しみは，牛や羊等の家畜との触れ合いや骨の活用，農作業の手伝い等，キルギスの伝統的な農村生活に根付いた慣習に基づいていたと言える．

b）少年期の重労働とアルテックへのキャンプ旅行

　1964年，B氏が13歳の時に，父の地元であるB村（標高700〜800m）に移住した．ところが，B村には学校がなかったので，13歳から15歳の間，B村から40km離れたタラスにある全寮制の学校（インテルナット Internat）で6年生〜8年生（小学校6年生〜中学校2年生までに相当）まで過ごした．B村では，B氏一家は15〜20アールの土地を所有しており，リンゴ，サクランボ，梨，杏子，桃，プラム，メロン，スイカ等の果物と，トマト，キュウリ，ジャガイモ，キャベツ，ピーマンやパプリカ，玉ねぎ，にんにく等の野菜を栽培しており，そのうちニンニクとパプリカは商品作物としてカザフスタンとロシアに出荷していた．他にも2頭の牛，20頭の羊，10羽の鶏，ガチョウや七面鳥も飼育していた．実家から離れて生活していたB氏だが，学校の休暇中に帰省した際には，農作物の収穫と家畜用の餌作りも手伝っていた．

　また，3か月間の夏季休暇にはB村に帰省し，同村内にあるコルホーズのタバコ畑での農作業に従事した．作業内容はタバコの収穫，乾燥，運搬であり，給料は1か月50〜75ルーブルが支給された．当時の仕事をB氏は次のように振り返っている．

　当時，父は年をとっており，死期が近づいたら故郷のB村に住みたいと言っていたので，高地であったA村からB村に引越した．しかし，B村は高地ではなく，畑が多い場所だったので，夏休みになると，小学校1年生の子供から大人までみんな，タバコの仕事に行かなければならなかった．タバコの仕事は大変な労力で，タバコの畑に入ると酔ったりした．こうして，3年間奴隷のように働き，仕事が嫌いになったので，勉強してからはこの村に帰りたくないと思った．しかし，3か月間働いて稼いだ給料で両親が自転車を買ってくれた．現在の子供たちはあのような仕事を知らない．

　このように，B氏は高地の村から低地の村に移住したことによって，農作業の比重が高くなったことが理解できる．キルギスでは両親は子供に家事や家の外の仕事を手伝わせる慣習があるので，B氏も帰省する際にはその慣習に従って農作業に従事していた．

　また，タバコは商品作物として生産量の向上が図られ，労働力配置が計画的に進められていたため，B氏も半ば強制的に労働に参加させられていたことが考えられる．しかし，B氏は慣習的かつ，制度的なタバコ畑の仕事で金銭的な利益を得ていたにも関らず反発しており，その影響で勉学に励む決意をしたことが垣間見える．

　その結果，B氏は小学校6年生の時に成績優秀者に選ばれ，ソ連のクリミアにあるアルテック（Artek）という最も人気のある子どもキャンプ（ピオネール・ラーゲリ）に夏休みのうち1か月間行くことになった．それまで村外へ旅行に出かけたことがなかったB氏は当時を以下のように振り返っている．

　　学校の教育協議会でアルテックに行くバウチャー給与者に選ばれたのは，T州から私1人だった．その時のことをよく覚えているが，私は学校を代表して行くものだから，学校側が私に全身新しい服を着せて，先生がバスまで見送ってくれた．そして，1人でT州からフルンゼまでバスで行った．しかし，両親は違う村に住んでいるため見送りに来なかった．それどころか，両親は50ルーブルの小遣いが必要だと聞いて驚いていた．姉がこん

なチャンスはめったにないからと言いお小遣いを持たせてくれた．アルテックにキルギスから35〜40人位参加したが，小学6年生は3，4人だった．アルテックは天国のようで，いろいろなことが楽しかった．例えば，海で泳いだり，チェスで遊んだり，ピクニックに行ったり，アユ・ダフという山に1度登山に行ったりした．また，ニキータ植物園に2回行った．私たちを映画館に連れて行ってくれた時には上映中にチョコレートをくれた．当時アルテックでの特別なジャケットや洋服は素晴らしく，みんな綺麗になった．みんなの目が輝いていた．アルテックはソ連中の子供達が集まるから，さまざまな国の友達と仲良くなって，その後10年ぐらい手紙の交換もしていた．

　以上のことから，B氏の学校での優秀な成績がクリミアにあるソ連の最高級子供リゾートでの休暇といった楽しさにまで発展したことが伺える．カウンツ（1959）が指摘したように，ソ連の教育においては，「学校政党規則」の中に昔から中間階層的徳・勤勉・敏速・服従・真実・長上者の尊敬等が定められていた．共産主義社会の徳は労働・公共財産および社会階層への態度等を指す．また，政治体制安定の観点から，愛国心と母国愛，敵への憎悪，党と中央委員会への忠誠，プロレタリア国際主義的道徳心の育成は全機関と全文化組織を通じて実行されていた．子供用の夏期キャンプは工場や企業の労働組合という文化組織に管理され，共産主義的教育が実施されていたと言える．都市に住む大多数の子供にとって大事な行事であるキャンプの滞在期間は一般的に3，4週間であった（Levin　1959）．山の近くに建てられたアルテック・キャンプは専用の海水浴場と船着き場を所有し，子供向けのレジャー全てが揃っている．アルテック・キャンプは，ソビエトの学校の生徒憧れの場所であり，夏期休暇のバウチャーは，学校が推薦した優秀な学生のみに発行される．さらに，アルテックはイギリスから来た外国の子供たちも招待した（Levin　1959）．このように，B氏にとってアルテックでの滞在が最高の夏休みになった理由は，学業を頑張ったことと，その努力を国が評価してくれたことを誇りに思っているからであると推察される．従って，B氏は当時の共産党を最高の政府のように感じていたことであろう．

　以上のようなキャンプは子供たちの憧れの場所であった反面，共産党による社会統制の道具として使われていたため，Ｂ氏のキャンプ旅行は制度によって実現したとも言える．とはいえ，Ｂ氏は，子供の時に毎年タバコ畑での重労働を経験したからこそ，以上のような１回きりのキャンプ旅行が最も楽しかった思い出として残っていたとも考えられる．

c) 学生集団労働とモスクワ留学中の優遇措置

　Ｂ氏は，1970年にキルギスにあるフルンゼ工科大学に入学し，技術学部で食品技術を４年間専攻し成績優秀者としてレーニン奨学金を得ていた．大学時代の遊びや楽しみについてＢ氏は次のように語っている．

　　４年間学生寮に住んでいたため，友人たちとギターを弾いたり，歌ったり，お酒を飲んだりして楽しく過ごした．一方で，健康のために毎日夕方に7km走っていた．そのおかげで心身ともに成長した．その他，公園の鉄棒等でトレーニングをしていた．スポーツに打ち込むと他のことを忘れられ，心身を鍛えられるから良い．また，友達と一緒に，映画や劇場に行った．当時，ソ連，イタリア，アメリカの映画が上映されていた．アメリカの映画ではアマル・シャリフという俳優が，女の子の間で人気だったので，そのせいで私の友達は彼女と別れてしまったほどだ．車はなかったが，みんなでバスに乗って野生のキイチゴの谷にピクニックに行った．フルンゼ出身の学生は家族が作ったピロシキを自宅から持って来たが，私たちはお店で買って食べた．

　以上のようにＢ氏はＡ氏と同様に，首都フルンゼで大学時代を過ごし，友達と映画に行ったり，谷のピクニックに行ったりした．そのほかに，秋の農業の手伝いで強制的な集団労働に行っていた．そのことについてＢ氏は以下のように振り返っている．

　　秋の農作物の収穫時にはソ連政府の方針でチョンケミン（Chon-Kemin）村にジャガイモ収穫に，イワノフカ（Ivanovka）村に赤カブ収穫に行っ

た．大学 1，2 年生の時は 10 月〜12 月まで働いた．農業労働を通じて学
生同士が仲良くなり，その後結婚した人たちもいる．

　成績が優秀だったので，大学生の時は奨学金を受給していた．大学 1 年
生の前期は毎月 35 ルーブル，後期は毎月 45 ルーブル，2 年生からは毎月
100 ルーブル得ていた．私はたくさんの奨学金を手にしていたので友達の
間では一番の金持ちになり，友達に食事等を御馳走した．また，毎年，工
場の実習でテラスポル，イズマイル，ドゥナイ，サマルカンド，モスクワ，
レニングラードに行った際には，節約して少しでも観光ができるように心
がけた．

　以上のように，B 氏は大学時代も優秀な学生であったため，当時充実した楽
しみを享受できたと認識していることが伺える．そして，学生寮に住んでいた
ため，学生として青春を謳歌したことも楽しみの一つであったと言える．一方
で，A 氏と同様に大学生の集団として農業労働に出かけていた．ダダバエフ
(2010) によれば，政府は収穫を手伝うことは愛国心を発揮する機会であり，
ソ連の自給力向上に貢献すると主張した．しかし，一般の人々は，学生が動員
されたのは農民よりも人件費が安く済むからにすぎないと認識していた．次第
に農業管理はずさんになり，収穫が終わった畑に都市部から人が連れて来られ
ることもしばしばあった（ダダバエフ　2010）．

　このように畑仕事の機会を利用して，空き時間に観光もできたことは，制度
的な集団労働が困難を伴う反面，居住地域とは異なる場所を知る，観光ができ
るという楽しみも創出していたことを意味する．また，集団農業労働で知り
合った学生同士が結婚に発展したことからも，集団農業労働が当時の学生生活
に大きな影響を与えたことが理解できる．ほかにも集団労働には 1，2 週間の
工場実習があり，期間が短いために農業労働と比較すれば観光や出会いの機会
は少なかったが，大都市訪問という独自の楽しみがあった．

　B 氏は，大学卒業後の 1974 年に，モスクワにあるメンデレーエフ化学工科
大学の大学院に進学した．大学院で 4 年間 (1974〜1978 年)，毎月 120 ルー
ブルの奨学金を得て勉強し，化学工学の博士号を取得してキルギスに帰った．モ
スクワにいた時の観光やその楽しさについて次のように語っている．

　モスクワでは多くの劇場を訪れ，ソ連の多くの都市にも旅行した．当時のキルギスの首都フルンゼと違って，モスクワは大きな街なので，見たい場所はたくさんあった．当時，最上級の奨学金を受給していたので，私はたくさんの演劇とオペラを楽しめた．そして，バスに乗ってレニングラード（現サンクト・ペテルブルグ）にも行った．行こうと思えば，どこでも行けたが，当時，貯金もしたかったので，それほど多くの旅行はしていない．

　以上のように，B氏はモスクワでの大学院生活中に演劇やオペラ等をしばしば鑑賞していた．ヨーロッパで発展した演劇やオペラ等は19世紀以降全ソ連の街でも広く普及し，中でもモスクワとレニングラードには国内から選抜された優れた演者による最高峰の舞台があった．温泉クロールトとは異なり，配給制ではなく，その場で切符を購入して誰でも楽しめた．当時の演劇やオペラの入場料は1ルーブルと比較的安価な料金に設定されていたが，観客の多くは演劇や文学に精通している文化的素養の高い者であったと考えられる．B氏は，奨学金の中でも最高額の120ルーブルを受給していたので，経済的な余裕が十分あった．一方，モスクワで有名な技術大学の学生だったものの，奨学金を40ルーブルしか受けられなかったインタビュー対象者No4. は「映画館には毎週行ったが，演劇やオペラは月に一度ぐらいで，あまり行っていなかった．それほど興味がなかった．」と表現している．インタビュー対象者No4. と比較して，B氏の「多くの演劇鑑賞とオペラ鑑賞」という語りから，努力してエリートに登りつめたB氏の優越感が垣間見える．このようなエリート趣味を満足させるべくモスクワには序列トップの演劇やオペラが配置され，社会体制維持に一役買っていたと考えられる．

　さらに，より大衆的な娯楽として，映画，コンサート，サーカスがあった．インタビュー対象者No4. は「映画館のほかに，ソ連歌手のコンサートやサーカスにも行った．ソ連商品および外国商品の展覧会にも訪問したし，作家エセーニンの故郷コンスタンチノフカやキエフ，レニングラード，ミチューリンスクといったソ連のほかの街も観光した．また，当時，西ドイツのボニーエム，イギリスのイラプションやスモーキー，イタリアのアルバノ，ロミナ・パウエ

ル，トト・クツニョといった歌手も来ていたが，コンサートバウチャーの行列が長く，何日も並ばないと買えなかった．私たちも並んでみたが，行列が長すぎてあきらめた.」という⁴⁰.

　このように，ソ連成立後のモスクワやレニングラード等の大都市における娯楽の中心は，オペラや演劇鑑賞等さまざまなものであった．B氏やインタビュー対象者No4.がモスクワに滞在していた70~80年代になると，西側の有名な歌手が公演でソ連を訪れるようになったことで，ソ連国民の楽しみに影響が与えられたと考えられる．

d) 若手大学教員の観光取得状況と日本留学

　B氏は1978年の博士号取得後，キルギスの首都ビシュケクにあるフルンゼ工科大学（現キルギス国立工科大学）で准教授として働き始め，同年に結婚した．キルギスでは結婚時に新郎新婦を見守る第二の父親（ゴッドファーザー）を置く習慣があり，B氏の場合は著名な作家の弟が第二の父親になり，現在まで交流が続いている．

　モスクワ留学から帰国後B氏は生活のことを考え，当時フルンゼ共産党上層部に在籍していた同郷の知り合い女性に依頼し，フルンゼ中心地で3部屋のアパートを手に入れた．当時ロシア人が多く在住したフルンゼでは配給でのアパート獲得は困難であったため，キルギス人の中にはB氏のように知り合いを通じてアパートを獲得する人がいたと推測される．フルンゼでは，アパートの入手以外にも，イシック・クル湖や温泉クロールトへのバウチャーの入手が困難であったという．そのことについて，B氏は次のように語っている．

　　イシック・クル湖畔に工科大学の従業員専用の休暇ホームがあったので，一度だけバウチャーで行った．滞在期間は，3週間におよび，泥治療や温泉治療を受け，湖水浴や日光浴も楽しんだ．健康上休暇ホームを必要とし

40　「ボニーエム」のような有名な西側の音楽バンドのソ連来訪は，当時の指導者であったブレジネフによる政策が関係すると考えられる．1964~1982年までのソ連の指導者を務めたブレジネフは，スターリンやフルシチョフ政権の反省を踏まえ，リスクを犯したり何かを決断したりというよりは，安定とバランスを保つことに特化した（ダダバエフ　2010）．

ている人や年金生活者に優先的にバウチャーが配給されていたため，バウチャーを取得できなかった時は，親戚や知り合いの家に泊まったりしてイシック・クルで休暇を過ごした．なぜなら，イシック・クル湖が素晴らしいからだ．誰かの家に宿泊する時はあまり快適ではなかったが，今はイシック・クル湖沿いに自分の別荘があるので快適だ．

　以上のように，Ｂ氏はバウチャーを一度だけ利用して勤務先専用の休暇ホームを訪れていたが，バウチャーがなくても親戚や友人の家に宿泊してまでイシック・クル湖に行っていた．
　Ｂ氏は，1987 年に，日本文化協会の交換留学プログラムで東京工業大学に 10 か月間留学し，化学環境工学を専攻した．日本での留学についてＢ氏は次のように語っている．

　　日本への留学プログラムの募集があったので，私も応募してみた．しかし，1 人しか行けない競争の激しいプログラムだったので，昔私の実家で 11 か月間共同生活していたオジ（実の叔父ではないが同一出身地の人で叔父のような存在の人）のところに行き，私を日本に行かせて欲しいとお願いした．当時彼は作家協会の会長であり，権力を持っていたので，私をサポートしてくれた．そして，英語を勉強してから留学に行ったが，それまで学校ではドイツ語を勉強していて，30 歳を過ぎて初めて英語を勉強したので覚えるのが大変だった．日本では，私の価値観が変わった．日本では化学の研究施設が充実していると感じた．それまでに私たちがソ連でやっていた化学研究は手作業が多かったが，日本ではほとんどが機械で自動化されていた．日本で，初めてパーソナルコンピューターに出会えた．そのパソコンは NEC のものだった．当時まだソ連にはなかったし，email 導入の話があったことを覚えている．また，食事や洋服，靴等，キルギスとは全く違う生活水準だった．留学中に帰国後の生活をどうするか考え，何か成功させたいと思うようになった．自分の家族に日本製の洋服を買って帰ったが，品質が良いので私の子供が着られなくなったとき，弟の子供たちに譲った．日本で買ったスキーセットも長く使った．日本に留学して

いたとき，新潟県にスキーに連れて行ってもらって楽しかったことを覚えている．

　以上のように，B氏は上述したように同じ出身地の知人の援助で日本への留学を実現した．すなわち，B氏もA氏と同様に，同じ出身地の人等との人間関係を利用することによって，限られた資源を獲得し，ソ連時代の競争を生き抜いている．資本主義国の日本は研究技術面だけでなく，生活水準も異なっていたため，日本への留学経験が当時のソ連での生活に対するまなざしを変化させ，後のB氏の人生に大いに影響を与えたと考えられる．

　B氏は，ソ連崩壊直前の1988年に日本留学からキルギスに帰ってきた．

2　資本主義化以降の観光

　B氏は1995年までキルギス大学で教授を務めた．ソ連崩壊以降，キルギスに外資系の会社が進出するようになる．B氏も1994年にキルギスで開催されたドイツの会社のセミナーに参加して以降，1995年のドイツ，1996年のノルウェー，1997年のイギリス視察で，7つ以上の鉱山や化学会社等を訪問した結果，イギリスの会社のビジネスパートナーとなり，1997年にキルギスでイギリス資本の化学研究所を設立し，副社長に就任した．

　表4-7はB氏の資本主義化以降の観光とその内容を示したものであり，1995年以降ビジネスパートナー探しの際に観光もしていることがわかる．例えば，1995年にドイツで市内観光を，1996年にノルウェーで市内観光とサーモン釣りを楽しんだという．イギリスの会社と契約を結んだ1997年以降は，毎年仕事で出かける際に市内観光をし，キルギスで売られていないイギリス製の洋服等を買うという．

　また，2005年からフィンランドの会社とも仕事をするようになり，フィンランド旅行にも行っている．フィンランドではビジネスパートナーの別荘に招待され，そこでキジのスープや，ジャズコンサート，冬にはサウナやサーキットでのドライブ等を楽しんでいるという．B氏は海外旅行について次のように語っている．

表4-7　B氏のソ連崩壊後の主な観光（1991〜2016年）

年	観光先	滞在期間	きっかけ	観光内容
1991〜2005	イシック・クル湖畔	夏に時々親類・友人宅で宿泊；3日間ずつ	親類・友人を訪問	湖水浴，日光浴
1991〜2016	キルギス国内の家族・親類・友人の家やレストランで行われるイベントのトイ・アッシュ（Toi Ash）等.	日帰り〜1週間まで	トイ・アッシュ Toi Ash の招待，あるいは，自発的にお祝いしに行く.	トイ・アッシュ（Toi Ash）で交流；行き先が遠所の場合その周辺観光もあり
1995	ドイツ	1週間	セミナー	市内観光
1996	ノルウェー	1週間	セミナー	市内観光；魚釣り
1997	イギリス	1週間	セミナー	市内観光
1997〜2016	イギリス	毎年，1週間ずつ	ビジネスパートナー会社があるため	市内観光
2000	キルギス，オーロラ温泉クロールト	1週間	知り合いからバウチャーをもらったので	湖水浴，日光浴温泉治療，マッサージ等
2005〜2016	フィンランド	毎年，1週間ずつ	ビジネスパートナー会社があるため，親戚の子供を研修に連れて	市内観光；友人の別荘にてサーキット，サウナ，ジャズコンサート
2006〜2016	イシック・クル湖畔	夏に20日間ずつ	イシック・クル湖畔で自分別荘を購入したので	湖水浴，日光浴，近隣と交流；親戚・友人を家に招待し，羊を御馳走；近隣の山でハンティング
2000〜2016	キルギスのさまざまな山	週末	ハンティングに行っている友人に教えてもらったため	犬を連れてキジやモルモットのハンティング；キジのスープを食べる
2010〜2016	キルギスの乗馬ツアー	夏に，海外の友人が訪問する際，親戚の子供たちをツアーに連れて行く	キルギスの観光，伝統を紹介するため	乗馬，テント宿泊，ハンティング，湖水浴，バーベキュー

B氏へのライフヒストリー調査により筆者作成

　私はいつも仕事とレジャーを組み合わせている．2005 年から毎年フィンランドに 7 日から 10 日間滞在し，その内 2 日間はヘルシンキから 185km の郊外に位置する仕事のパートナーでもある友人の別荘に行っている．その友人の別荘では，乗馬やサウナが楽しめ，美味しいキジの丸焼きも味わえる．そこに最初に行ったときは私たちのために小さなジャズコンサートを開いてくれた．また，道路が凍ったサーキットでゴーカートを運転し，スリルを味わった．そのほかに，ノルウェーに魚釣りに行った．

　このように，ソ連時代では体制維持を意図して，資本主義諸国への渡航が厳しく制限されていたため，B 氏は海外旅行に行くことができなかったが，ソ連崩壊後の資本主義化とともに生じた資本主義国の企業進出という状況により，B 氏は新興富裕層へと転じた．そして，仕事の機会やそこで得た経済的富を使用することで海外旅行を頻繁に行えるようになったと言える．以前では夢のような観光であった海外旅行を頻繁に行う B 氏は，社会主義時代を経験していない者に比べ，より野心的に観光を享受していると考えられる．

　資本主義化以降の B 氏の国内観光は主にイシック・クル湖畔に所有する別荘での休暇である．1991 年から 2005 年までは，親戚・友人の家に宿泊し，湖水浴や日光浴を行なっていたが，2006 年に富裕層向けのカルヴェン別荘地で別荘を購入してからは，毎年 2 人の孫を連れて家族と一緒に 1 か月間（7 月 20 日〜8 月 20 日）滞在している．毎日朝と夕方に湖水浴を行い，滞在中に 1，2 回程度近くの山にモルモット狩りとキジ狩りに行っている．また，イシック・クル地域の近くの山で飼っている羊をさばいてもらい，家を訪ねてくる客に振舞ったり，あるいは，B 氏がイシック・クル地域に住んでいる友達や知り合いに招かれて羊を食べに行ったりしている．

　他にも B 氏の主な観光にはイシック・クルから離れた山でのハイキングやハンティングがある．ハンティングは首都ビシュケクから 140km 離れた国立公園チョン・ケミン峡谷で行う．ハンティングについて B 氏は次のように語っている．

　　最近はよくハンティングに行く．暇な週末は必ずハンティングに行くよ

写真 4-4　B 氏企画の乗馬ツアー

2016 年 7 月，筆者撮影

うにしている．ハンティングは私にとって大きな楽しみの一つである．1
日ハンティングに出かけると，汗が流れる．そして，素早く飛んでいるキ
ジを撃つことができると，エネルギーがみなぎり，嬉しさ，成功，楽しさ
を感じる．ハンティング用の猟銃はイタリア製のベレッタというブランド
である．

　そのほかに，B 氏は乗馬ツアーを企画し，ビジネスパートナーを海外からキ
ルギスに招待している（写真 4-4）．
　筆者が 2016 年の 7 月下旬に同行した乗馬ツアーの様子は次の通りである．
　このツアーの目的は，ビジネスパートナーでもあり，毎年フィンランドでさ
まざまな楽しみを用意してくれる友人でもある人をキルギスに招待し，乗馬
コースを体験させることだった．乗馬コースの行程は，チョン・ケミン渓谷を
出発し，イシック・クル湖地域に出る 3 泊 4 日のものであった．馬で越える山
の最高峰は約 2,500m で，道中で湖がある美しい景色を望める．B 氏もそのコー
スは初めてであったが，友人にキルギスの美しい場所を見せたいとのことだっ
た．フィンランドからの招待客 4 人のほかに筆者と B 氏の親戚の子供たち 2
人，3 人のガイドが同行し，B 氏を含み合計 11 人，11 頭での旅だった．1 日

目はチョン・ケミン渓谷に建てられたエスニック風のゲストハウスに宿泊し，翌日の朝から馬に乗った．湖の近くでテントを張り2日目の宿泊をし，料理はガイドと一緒に筆者も手伝った．3日目に最高峰を越え，イシック・クル地域へ山を降りていく途中で遊牧民族の家の隣で宿泊した．4日目にイシック・クル地域に到着し，車でイシック・クル湖畔に向かった．筆者の同行はここまでであった．

　B氏は乗馬ツアー中にも携帯していた銃でハンティングを行っている．また，観光の楽しさを教えるため，乗馬ツアーに親戚の子供たちを同行させている．そのほかにも，B氏は同じ職場で働く姪を職場の経費で10日間のフィンランド研修に行かせるなど，親戚の子供たちを海外留学や研修に行かせている．

　以上でみたように，B氏の観光はソ連時代と資本主義化以降で異なっている．ソ連時代における観光は社会主義システム下での仕事と関係していた．また，仕事でも人との付き合いが多いことから，B氏が国のパレードやコンサート，映画といった集団での楽しさをより享受していたと理解できる．さらに，B氏は学業の優秀さからモスクワにある大学の博士課程に進学することができ，そこでたくさんの観光をしていた．しかし，後の日本への留学が可能であった理由は，成績優秀者であったことに限らない．社会主義では限られた資源を皆で平等に分配する制度があったが，B氏はコネを通じて，日本への留学やアパートといった限られたものを手に入れたのである．

　大学教員としてエリート・インテリ層に属していたB氏はその後，日本留学時に目撃した日本の技術水準や生活水準の高さに感化され，資本主義化後にビジネスマンに転じ，そこでの成功がB氏を新興富裕層へと移動させることになった．経済的富を得たB氏はソ連時代に難しかった海外旅行やイシック・クル湖周辺の別荘購入が可能になるとともに，イタリア製のブランドの銃を使用してのハンティングを行っている．このように，B氏の観光は社会主義時代に制度上困難であっただけでなく，経済的余裕を必要としており，金銭による売買という資本主義を象徴するものへと移行したと理解できる．

　B氏はキルギスの資本主義化以降，高い経済力や強い権力を有しているため，親戚にアパートや家具，衣類の購入等の経済的，物質的な援助をするほか，親戚の子供たちを海外留学や研修に行かせている．B氏が2016年にフィンラン

ド研修に連れた姪は，その研修時にフィンランド市内観光が可能であった．社会主義時代にあったコネ関係にも似ているが，資本主義化以降のキルギスのこのような相互扶助は大倉（2013b）が指摘したセーフティ・ネットとしての価値があると言える．一方，Ｂ氏は親戚から認められたいという欲求を行動の原動力にしていると考えられる．

第4節 労働者・農民から基礎階層へ移行した者

1 ソ連時代のコルホーズ農民の観光

a) 幼年期および少年期の伝統的な遊び

現在牧畜家であるＣ氏（60歳，男性）は，経済的な余裕から自由な温泉・休暇施設への訪問が可能である．しかし，ソ連時代は，労働者・農民であり，温泉を利用できない階層に属していた．

Ｃ氏は1956年に，キルギスＦ州Ｂ村で，ステージ歌手の両親のもとに生まれた．両親は，キルギスをはじめカザフスタンやウズベキスタンに出張で3〜4カ月間行くことが多く，Ｃ氏の世話ができないため，祖父（1898〜1984）と祖母に預けられた．

Ｃ氏は幼少期の遊びとその楽しさについて次のように語っている．

> 幼少期の遊びは季節によって変わる．雪の影響がない春から秋にかけては近所の友達と羊の骨を使ったボウリングのような遊び（チュコ）や植物の葉っぱを使ったリフティングのような遊び（パラ）をした．その他にも1人で馬に乗ったときやトラクターに乗せてもらったときに楽しさを覚えた．Ｄ村に雪が降る10月末から3月中旬までの冬の間は，家から1kmにある川の土手に5〜10m程積もった雪でソリ遊びをした．

以上のように，Ｃ氏の幼い頃の楽しみは，馬に乗ったり，羊の骨で遊んだりとＡ氏とＢ氏と同様，伝統的なことが多く，家畜や自然と強く関係していた

ことがうかがえる.

　C氏は1964〜1973年まで同村にある小・中・高一貫校に通った. 学校生活はそれほど楽しくなかったが, 毎年夏休みの前に行われるキャンプが楽しみだった. クラス全員で近くの森林や川に行き, 羊をさばいたり, 川遊びやボール遊びなどをした.

　小・中・高生時代のキャンプ以外の楽しみは, 家の外での仕事や遊びが中心となり, それらの楽しさについて次のように語っている.

　　　小学生になると家の手伝いをするようになった. 私の日課は, 放課後に家から2km離れた川へ水汲みに行くことで, 1人で行くこともあったし, 友人とも行くこともあった. 水汲みを通じて春から秋にかけては川遊びをし, 1〜1.5mほど川氷する冬には祖父に器具を買ってもらったアイスホッケーとスケートをした. また冬は家畜（50頭の羊, 3頭のヤギ, 3頭の牛, 1頭の馬）を放牧させないので, それらの世話が楽しみであった.

　また, 夏休みの期間が3か月に及ぶことから, 小学校2年生から6年生までの夏休みの間にコルホーズでアルバイトをした. そこでの仕事内容は, クルクン（Kyrkyn）[41]の時期に羊を羊小屋から毛刈り場まで連れてくることである. ノルマは1日あたり80〜100頭で, 1頭あたり20〜25コペイカが支給され, 1か月半で200〜300ルーブルになった. さらに, ノルマ達成のボーナスとして20〜25ルーブルが支給された. 稼いだ金は祖父母に渡し, そこから新学期の文房具や制服を買ってもらっていた. クルクンのアルバイトで楽しかったのは, さばいたばかりの新鮮な羊肉を毎日大勢で食べたこと[42]と, 帽子いっぱいの菓子を毎日もらうことであった.

　11歳になるとアルバイトの給料で祖父が自転車を買ってくれたので, 春から秋にかけて自転車に乗って遊んだ. 自転車を手に入れてからは, 4,000mの

41　クルクンとは, 羊の毛を刈る時期を意味する. 例年, 放牧準備が始まる5月下旬から毛を刈り始め, 7月上旬頃には毛を刈り終わる.
42　1日当たり2〜3頭の羊がさばかれた. C氏の家庭では羊肉を食べることは珍しくなかったが, 新鮮な肉を食べられる機会は限られていた.

高地に放牧に出た祖父が1週間に一度帰ってくるたびに，山の中腹まで迎えに行っていた．

　中学校に進級すると，夏休み期間に多くのアルバイトをすることになった．これは，先述したように夏休みに多くの労働力が必要で，村の慣習として学生がアルバイトに駆り出されていたためである．クルクンの時期にするコルホーズでのアルバイトでは，羊毛刈りを任されるようになり，羊を連れていくだけの小学生のときよりも，責任感と給料が増して楽しかったという．また，小学生のときと同様に，新鮮な羊肉が毎日食べられるのも，重労働の疲れを癒してくれたとC氏は語る．

　羊毛刈りの時期が終わると，出産の時期サクマル（Sakmal）が訪れる．C氏は，村から7～8km離れたコルホーズの家畜小屋に，1か月半の間住み込みで出産の手伝いに行き，200～250ルーブル支給された．クルクンと違ってサクマルでは毎日羊をさばいてはいなかったが，稼いだお金でバイクを買ってもらったので，バイクで羊追いをするのが楽しかったという．1か月半にも及んだ住み込みのアルバイトが終わると，コルホーズの大麦・小麦の収穫アルバイト（8月中旬～下旬）が始まり，トラクターで穂首が刈られた稈を敷き藁にする作業，チョモロ（Chomolo）をした．チョモロはクルクンと違って給料は1か月150ルーブルと安かったが，仕事後に畑で友達と追いかけっこやかくれんぼ等をしたのが楽しみであった．

　なお，この時代にC氏は首都フルンゼに遊びに行っていない．日常の買い物は村にある店と，C地域の中心地にある店，フルンゼから1か月に一度来るチャバン向けの輸入品や高級品を積んだトラック，いわば移動式の店で祖父とした．

b) 東ドイツ兵役時代

　1973年，17歳で高校を卒業すると，C氏は当時のソ連の慣習に従い，東ドイツ（GDR）で3年間（1973～1976年）の兵役についた．東ドイツに行く途中，タジキスタンのドゥシャンベに研修で1か月間滞在し，そこで初めて居住地以外の町を知り，見るもの全てが新鮮だったと言う．その後，西ドイツと国境を接する東ドイツの都市マイニンゲンで2年間の兵役につき，GAZ66とい

う大型軍用トラックの運転を担当した．しかし，最初の１年間はロシア語が分
からず，苦労したという．２年目以降は，５人〜10人程度の小隊の司令官に任
命され，小隊の車の点検や，後輩兵士へのDalmarと呼ばれる悪路での運転技
術の指導，基地の夜の警備を担当した．

　軍から支払われる給料は月15〜20ルーブル程度であったが，Ｃ氏は車局部
隊に所属し，夜の警備を担当していたこともあり，モルドバ人の友人兵士に誘
われ，夜に隠れて西ドイツ国境までガソリンを売りに行った．西ドイツではガ
ソリンが１リットル当たり７〜８マルクで売られていたのに対して，Ｃ氏たち
は２マルクで販売したため，週１回程度売りに行った200リットルものガソリ
ンは完売した．

　副収入を得たために，Ｃ氏は町でパンや洋服，実家への土産等の購入，町の
観光が可能になった．さらに，一般兵が利用する食堂ではなく，Kashtetとい
う将校等のエリートが利用する高級レストランにも行けた．このように，兵役
の最後の１年間は非常に充実した楽しい時間を過ごしたとＣ氏は言う．

c)　上司の援助による観光

　1976年に兵役を終えると，車の運転技術を活かしてＤ村村長の運転手を務
め，車の運転のほかに，村長の右腕として秘書業務も担当した．Ｃ氏は1977
年に同じ職場で経理士として働いている隣村出身の女性と結婚し，1978年に
第１子を授かった．前述した通りキルギスでは新郎新婦の結婚生活を支える第
二の両親を実の両親がつける伝統がある．第二の両親の役を担ったのはＣ氏
がドライバーを務める村長であった．そのような村長との密接な関係は，Ｃ氏
の仕事や生活，そして観光にも影響を与えた．Ｃ氏の妻も村長の妻と仲良くな
り，Ｃ氏の妻が村長の妻に昼ごはんに招待されたり，村長の家で客が多いとき
にＣ氏の妻が手伝ってあげたりして助け合った．結婚当初，妻の両親がＣ氏
の家を訪問する際に村長夫婦を招待し，10頭の羊の毛を使ったコート[43]をプレ
ゼントした．翌年も伝統的な家族のイベントに村長夫婦を招待し，伝統的な手
作りの羊のカーペットを贈った（表4-8）．

43　普段このようなコートをクダ（Kuda）と呼ばれる妻の父親に贈る．

表4-8　C氏の社会主義時代における上司への贈り物一覧

年	誰に	何を	合計額	理由
1979	村長	C氏の叔母の手作りの羊毛革コート	10頭の羊の皮使用（1000ルーブル相当）	C氏の結婚時に第2の両親を依頼したため
1980	村長	C氏の妻のお母さんの手作りの羊毛の伝統的なカーペット	1000ルーブル相当	C氏の妻の両親が手土産を持って来たため．その一部を分ける習慣があるため．
1979～1991	村長	伝統的な帽子や日本製スカーフ，磁器の食器やタオルにお菓子やウオッカなど	毎回50～100ルーブル相当	5月1日，5月9日，11月7日や，春祭りと秋祭りの際のお祝いに

C氏とその妻へのインタビューにより筆者作成

　このような密接な関係を続けながら，運転手を6年間勤めた結果，1979年には村長にモスクワ旅行にも連れていってもらった．当時のことを以下のように振り返っている．

　　村長さんが家畜を探しているときは，秘密裏にコルホーズから，状態の良いオスの牛，Topozや羊を見つけてきたため村長に大変好かれた．お礼に，家畜の肉を分けてもらうこともあった．また，生活に困ったときには，お金の援助もしてもらった．さらに，1979年にモスクワへ10日間の観光に連れていってくれた．そのときに生まれて初めて飛行機（TU154）に乗った．交通費は自分で払ったが，モスクワでは，当時の高級人気レストランであるコーロス（Kolos），レーニン廟，グム（GUM）デパートに連れて行ってもらった．当時の一流ホテルのインツーリストに泊まり，モスクワ市内では高級車であるGAZ社製のチャイカにも乗れた．

　以上のように村長との親密な人間関係を保ったため，C氏はモスクワまで行き，市内観光を楽しんだと言える．当時は農民のモスクワ訪問は困難であったが，C氏はコネにより実現した．つまり，社会主義時代にはコネが観光の機会を得るための重要な手段であったと言える．
　C氏は，運転手を務めた後，村長の紹介で4年半牧畜管理人の仕事をし，1か月135ルーブルの収入を得た．コルホーズの車で小屋を回り，10,000～

12,000 頭の羊を数えたり，餌となる草を与えたりした．C 氏は当時の仕事を次のように振り返っている．

　　牧畜管理人をしていたときは，好きなときに羊等をもらってきて，家族と一緒に豊かな生活を送った．経済的に余裕があるので，時々首都フルンゼに出かけ，親戚や友人を訪問したり，映画にもよく行ったりした．そして，地元の人との付き合いも多く，とても楽しかった．親戚や友人のイベントやパーティーにいつも 1 頭の羊を持参した．また，草原に招待されたときには 1 日 2，3 頭の羊を食べ，皆で仲良く豊かな生活を送ったが，現在は家畜を数多く所有してもそのようなことができない．今は皆が個人主義になってしまい，ソ連時代ほど仲が良くない．

　この言葉から C 氏はこの時期に最も豊かな生活を送っていたことが垣間見える．それは，村長の次に位置する職業に就いて，賄賂に相当する家畜のやり取りを行っていたからである．そして，キルギス人の富の証である家畜を多く消費し，コルホーズの家畜を管理するトップとして現地の人々と数多く関わったことが，C 氏の幸福感につながっていたと考えられる．
　C 氏は牧畜管理人の次の仕事として，5 年間ガスの運搬業を毎月 130 ルーブルの給料で勤めたが，この仕事は魅力的ではなかったことを明かした．

2　資本主義化以降の観光

　ソ連が崩壊し，村にある土地や家畜が住民に分配されることになった．1 人あたり 7 エーカー，家族 8 人で 56 エーカーの土地のほかに，家族 1 人あたり11 頭，家族全員で 88 頭の羊が分け与えられた．C 氏は親戚と共同で設立した牧場ドゥイカン・チャルバ（Dyikan Charba）の管理者になり，自由に家畜を殖やして生計を立てている．C 氏は，毎年 5 月になると標高の高い草原に羊を移動させ，羊飼に飼育を委託している．これまでに殖やした羊の数は 1,000 頭にのぼり，そのほかに現在牛 10 頭，雌の馬 10 頭，雄の馬 10 頭，ヤク 5 頭を所有している．また，C 氏と妻はそれぞれ年金を 7,000 ソム受給しているが，

それだけでは暮らせないため，必要に応じてバザールで家畜を売りに出している．例えば，誕生日やお祝い等への参加時には1頭の羊を7,000ソムで売り，子供の結婚式に参加する前には馬1頭や羊2〜3頭を売りに出している．

　表4-9はC氏の資本主義化以降の主な観光先とその内容を示したものである．1992年にイシック・クル湖畔のバルクチ町に住む親戚の家に妻と4日間訪問した．これがC氏の初めての湖水浴であり，イシック・クル湖では湖水浴の他に日光浴，カタマランや遊覧船を楽しんだ．

　1995年に親戚から譲り受けたバウチャーを利用して，初めてキルギス南部の首都から車で13時間の距離にあるジャラル・アバッド温泉クロールトに父と行き，温泉治療や泥治療を受けたり，近隣への遠足をしたりした．また，ジャラル・アバッドを観光し，その地域の人たちのホスピタリティを楽しんだという．そのことについてC氏は以下のように思い出している．

　　1995年に親戚に無料のバウチャーを譲ってもらい，キルギスのジャラル・アバッド温泉クロールトに行った．温泉クロールト観光は初めてであったが，温泉治療が良かったことのほかに，食事もおいしく，自然もきれいで最高だった．また，ジャラル・アバッドの観光もできて楽しかった．ジャラル・アバッドはウズベキスタンに近い地域でもあり，ホスピタリティは北部と違い，羊でもてなすことがなく，ピラフが多かった．しかし，フルーツが美味しかった．

　以上のようにC氏は親戚に譲ってもらった無料のバウチャーを利用し，キルギスの南部の温泉クロールトに行くだけでなく，町の観光や異文化体験もしている．この観光はC氏の親戚の援助によって可能となったものである．

　2000年にも，同じ親戚にバウチャーを譲ってもらいイシック・アタ温泉クロールトを訪れている．しかし，その後は2003年に現金でイシック・アタ温泉に妻と訪問したのを最後に，温泉クロールに行っていない．温泉クロールトはC氏にとって治療目的の場所であるという．

　C氏は，2012年に家畜放牧用の土地を15,000ソムで購入し，そこへ毎年出かけている．しかし，前述したようにC氏は家畜の世話を羊飼に任せている

表 4-9　C 氏の資本主義化以降の主な観光とその内容

年	観光先	期間	内容	きっかけ	宿泊や経費
1991 ~ 2016	首都ビシュケク，F 州の様々な地域，C 地区中心町	年に数回	家族・親戚・友人のトイ・アッシュ（Toi Ash）等に参加したり，バザールの買い物，コンサート	家族・親戚や友人の招待，自発的なお祝い，買い物	親戚の家
1992 ~ 2016	イシック・クル湖	夏に，時々 3~4 日間	湖水浴，日光浴，カタマランや遊覧船乗りなど	親戚を訪問や夏休みの休暇	親戚の家
1995	キルギスの南部のジャラル・アバッド温泉クロールト	10 日間	個室の温泉・泥治療，温泉プール，マッサージ，物理学治療や近隣の遠足，ジャラル・アバッド町観光	実の父が親戚に無料のバウチャーをもらったため	バウチャーにより無料
1995 ~ 2016	標高 5,000m の山	夏に，時々 3~4 日間	夏季に放牧している家畜を確認し，ついでにオオカミ，キツネ，モルモットのハンティングをする	ソ連崩壊以降家畜所有と草原観光の制限が解除されたため	家畜の面倒を見ているチャバンのテント
2000	イシック・アタ温泉クロールト	10 日間	個室の温泉・泥治療，温泉プール，マッサージ，物理学治療や近隣の遠足	親戚に無料のバウチャーをもらったため	バウチャーにより無料
2003	イシック・アタ温泉クロールト	10 日間	個室の温泉・泥治療，温泉プール，マッサージ，物理学治療や近隣の遠足	腰の治療のために	クロールト宿泊，実費
1995 ~ 2016	C 地区にあるシルクロードの時に栄えたキャラバンサライ	日帰り	キャラバンサライの観光，その場所にコーランの読みあげ，川沿いにて持参した食事でピクニック	子供，孫，親戚や友人をもてなすために	食事持参，日帰り
2005 ~ 2016	マザールや神聖地	夏に，時々，1~2 日間	1，2 日間泊まりで行って，マザールや神聖地で健康や幸福の願いをしに行く．その際，一頭の羊を持っていき，当地でさばいて神聖地でコーランを読んでくれるモルドにあげる	腰の治療に	食事持参，実費
2012	個人所有の草原	1 か月	馬乳や馬乳酒を飲み，馬に乗り，羊を食べる	国から草原を 15000 ソム（安価）で購入したため	個人所有の伝統的な可動式家
2012 ~ 2016	親戚の草原	夏に，時々，7 日間	馬乳や馬乳酒を飲み，馬に乗り，羊を食べる	親戚の訪問，自分の日常から	食事持参で親戚の家

C 氏へのインタビューにより筆者作成

ため，夏季にＣ氏が所有する草原の他に親戚の草原にも時々訪れている．また，
Ｃ氏は夏季になると標高5,000mの山へ放牧中の家畜の確認を兼ねて，3〜4日
間狩り等をする．しかし，ここで行われているハンティングはＢ氏が行なっ
ているような近代的なものではなく，コートづくりや帽子づくりの材料確保の
ために行うモルモットやオオカミ，キツネ狩りであり，寒い地域の生活に必要
な作業の一つでもあると言える．すなわち，新興富裕層としての経済的成功を
ハンティングにより実感するＢ氏と，基礎階層の生活必需行為としてハンティ
ングをするＣ氏の，社会階層に応じたハンティングに対する目的の違いがこ
こに存在する．

　ほかにも，かつてシルクロードのキャラバンサライであった建築にも夏季中
に出かけている．そこではＣ氏のもとを訪ねる家族や親戚を連れて，川沿い
で羊やお菓子，ウォッカ等を振る舞うという．さらには，1年に数回首都ビ
シュケクや，Ｃ地区の中心町へバザールの買い物や親戚のイベントに出かける．
　資本主義化以降Ｃ氏が行うようになったものの一つが聖地への観光である．
これについてＣ氏は以下のように話している．

　　社会主義時代に聖地へ行ったことはなかったが，2005年あたりからキ
　ルギス国内でマザール[44]や他の聖地への旅が盛んになってきて，さまざまな
　病気に良いということをあちらこちらで聞くようになった．また，最近
　コーランを読んでいるので，聖地への興味が高まった．時々家族とマザー
　ルに行って羊を捧げ，テゥローを行い，祈りを捧げてくる．

　以上のように，社会体制転換がＣ氏の観光とその楽しさに大きな影響を与
えたことが理解できる．Ｃ氏のソ連時代の観光と楽しさは主に仕事の上司やソ
連社会主義システムに左右されていた．例えば，上司との関係をうまく築くこ

44　マザールには二つの意味がある．一つ目は，古代の構造物，墓地，木，岩，山，温泉など，自然
　にできた礼拝の場所を意味する．通常，これらの場所は，伝説，神話から成り立っている．信仰
　者の話によると，これらの場所は病気を治癒し，幸福と繁栄をもたらしてくれる（Basilov
　1992；Aitpaeva　2004；Aigine　2009）．二つ目に，イスラム教徒の大物の墓石，墓を意味する
　（Bartoldt 1897；Aitpaeva　2004；Aigine　2009）．神聖な場所では動物が奉納された．この行為
　をキルギス語で「テゥロー（tuyloo）」というが，動物の奉納はその場所の使用許可を得ること，
　さらに，願い事の成就の祈りを表している．

とで，ソ連時代にモスクワでの観光が可能となっており，その上司との良好な関係の延長で村での仕事を得て，そこに楽しさを感じていた．つまり，ソ連時代の C 氏の観光やその内容はコルホーズの村長の運転手や家畜の管理者といったように，職場中心のものであったと言える．しかし，資本主義化以降，親戚に温泉クロールトのバウチャーをもらったり，親戚の草原を旅行したり，家族や親戚，友人のイベントに参加したりするなど，人間関係が職場中心から家族や親戚中心に転換したことがうかがえる．そのため，草原観光と湖観光の訪問先は主に親戚の関係する場所であり，羊や食事を持参のみで低コストの観光になっている．ほかにも夏に時々標高の高いところへ移牧民族の伝統的なハンティングに出かける等，資本主義化以降にキルギス人の自由な観光が復活したと考えられる．

　資本主義化後，観光は商品となり誰もが手に入れられるものとなったが，基礎階層・下流階層である C 氏は B 氏のように高コストの観光を行うことができず，A 氏と同様に家族や親戚との扶助をもとにした観光を中心に行っている．また，社会主義時代も牧畜管理者となって以降は，家族や親戚，知人との交流を行っており，資本主義化後も続いている．つまり，労働者・農民から基礎階層に移動した C 氏は資本主義化後も，社会主義時代と変わらず資本主義から離れた社会扶助をもとにした観光を維持していることが読み取れる．

　また，健康や幸福を目的とした聖地への旅も，資本主義化以降 C 氏の生活に入ってきたものであり，社会主義時代よりも観光にスピリチュアリティや自然的要素が強く現れている．この背景には社会主義時代は国家，あるいは上司への帰属意識が強かった一方で，資本主義化以降は個人，親戚，自然，キルギス人としてのアイデンティティ意識が強くなったという C 氏の価値観の変容も大きく関わっていると考えられる．

第 5 節｜ソ連時代経験者のライフヒストリーからみた社会階層と観光の関係

　図 4-1 は第 4 章で見たキルギス人 3 人の観光を比較したものである．
　既に述べたように，ソ連時代には経済的な指標が存在しなかったため，明確

な社会階層区分の基準がなく，権力が社会的地位を表す指標であった．したがって，支配的権力を持つノーメンクラツーラがエリートとされる特権階層であった．しかし，ノーメンクラツーラ層に属していなくてもエリート層に属した管理職の者もいた．彼らの給料は一般労働者と比較して大差はなかったが，これらのエリート層の者には共産党から労働の対価や褒美として，定期的に温泉クロールト旅行等が配給され，他の階層と待遇に差があった．任期中は日常生活でも無料の家や運転手付きの車が配給され，特別扱いをされた．しかし，A氏のライフヒストリーからも明らかになったように，このような特権を獲得するためには，ソ連共産党に忠誠を示し，社会主義制度の規律通りに動かなければならなかった．A氏は農村地域の出身であったが，ソ連時代にF州の5地区すべての病院長を務め，エリート層に登りつめることで，温泉クロールト旅行が配給された．それを得た背景には労働成果のほかに，部下を共産党のルール通りに管理したことで，共産党の信頼を得ていたことが挙げられる．また，ノーメンクラツーラ層との人間関係が大事であったと考えられる．具体的には，A氏も居住地区の共産党第一書記への贈り物を通じて築いた密接な人間関係が，仕事の地位向上と観光の獲得につながった．そのほかに，輸入品や当時高級品であった自家用車もノーメンクラツーラ層の知り合いを通して手に入れていた．このように，エリート層にとっての観光は共産党からもらう褒美も意味していた．また，エリートも職場の集団労働に行かされたり，パレードや，祭りに集団で出かけたりするなど集団での政府主導の観光も得ていた．しかし，ソ連時代のA氏のような管理職のエリートたちの多くは，資本主義化以降のキルギスの改革により基礎階層に転じることとなった．また，ソ連崩壊後も残存していたバウチャー配給制度が2005年頃から大幅に廃止されたため，基礎階層にとって草原観光や湖観光が夏季の中心的な観光になっていった．

　ソ連のインテリ階層は医者や教育機関の教師等が該当する．彼らの給料は均一化されていたが，共産党はインテリ間の差異を図るため，インテリ階層の地位を複数のカテゴリーに区分した．たとえば，医者等は第1カテゴリーから第3カテゴリーに区分され，それに応じて給料にわずかな差がつけられた．しかし，観光ではカテゴリーに限らず医者全員がパレードや祭りといった一般的な政府主導の観光を享受していた一方で，温泉クロールトのような政府主導の特

図 4-1　社会主義時代と資本主義化以降のキルギス国民 3 人の観光行動（1970～2016 年）

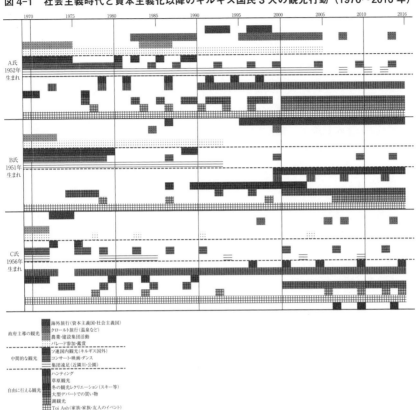

政府主導の観光	
	海外旅行（資本主義国・社会主義国）
	クロールト旅行（温泉など）
	農業・建設集団活動
	パレード参加・鑑賞
中間的な観光	
	ソ連国内観光（キルギス国外）
	コンサート・映画・ダンス
	集団遠足（近隣川・公園）
自由に行える観光	
	ハンティング
	草原観光
	冬の観光レクリエーション（スキー等）
	大型デパートでの買い物
	湖観光
	Toi Ash（家族・親戚・友人のイベント）
	国内型地観光

インタビューにより筆者作成

権観光の享受は困難であった．そのような中で，インテリ階層に属していた B
氏は同郷の知り合いを通じ，アパートや日本への留学の機会を得ていた．つま
り，キルギス人はソ連時代の限られた物資等を手に入れるために，人間関係を
利用し，人間関係の維持はキルギス人にとって，限られた良い物資や観光を得
るための原動力でもあったと考えられる．対して資本主義化以降の B 氏はエ
リートに登りつめて十分な経済力を有していたため，人間関係の維持に頼るこ
となく，海外旅行やハンティングを行なうとともに，彼の親戚に観光の機会を
提供している．
　農民の観光においては，まず，集団主義から個人主義への変容が特徴的であ

る．ソ連時代には春祭りや秋祭り等をコルホーズやソフホーズの集団で開催し，温泉クロールトへも集団で行くことが多かった．また，羊の毛刈り等コルホーズの集団労働に従事した際には，集団で羊を食べたり，酒を飲んだりするなどの楽しみを享受していた．

　農民の中でも村長の運転手を務め，結婚時に第二の両親という村長との親戚関係を築いたC氏のように，他の農民が経験できないような観光を享受した者もいる．資本主義化以降，個人主義化した生活を送る農民の観光も個人主義になり，集団や職場中心の人間関係から得られなくなっていった．

　しかし，C氏が資本主義化以降聖地への旅をするようになったように，キルギスでの観光は多様化している．彼が聖地への旅をするようになったのは，イスラム教への信心が強まったことのほかに，キルギスでの民主主義の導入と同時に聖地に多くのモスクが建設可能になったためである．つまり，キルギス人の観光は資本主義化以降，個人が選択するものに変容しており，聖地への旅も社会主義時代には無宗教であった人々が自由に宗教を選択するようになったことと関連する．

　C氏は資本主義化以降経済的に豊かになったにも関らず，海外旅行に行こうとせず，ハンティングを時々夏季に行っている．ただし，B氏とは異なりC氏のハンティングは移牧民族としての生業の一面も含んでいる．これには彼の社会主義時代の義務教育のみの学歴や農民という職業等が関係していると考えられる．つまり，観光実践には経済的な能力のみならず教養や社会経験等の文化資本も必要だと言える．

　最後に，ソ連時代の学生は強制的に参加させられた集団労働で観光の機会を得ていた．集団労働での仕事は大変なものであったが，同質の人々が集まり，恋愛や交流をするという楽しさが際立つ状況にあった．集団主義における観光は安心感を得るものであったと言える．当時の観光が楽しかったというライフヒストリーでの表現から，他者と自分を比較することが少なく，憧れや嫉妬，対抗心等の感情が生まれにくかったからこそ，労働先でのささやかな楽しみや与えられた観光に十分な満足感を得ていたと解釈できる．このことは学生だけにとどまらず，学校，職場，工場，軍隊等にも共通している．

第 5 章

キルギスにおける
社会体制転換と観光に
与えられた役割・意味の変容

　第1章3節1項で述べたように本章では社会体制転換に伴う観光の変容を4つの視点から考察する．第1節から第3節までの視点は，転換期に社会システムや政治権力等の変化から影響を受けて変容した個人の観光行動や観光に関連する価値観の要因となるものである．第4節では，個人が観光に対して抱いていた認識や個人が観光に与えた意味，すなわち観光の概念の変容を考察する．

第 1 節 ▷ 観光に関わる制度・制約・仕組み

　ソ連は労働者と農民という，二つの同盟した階層および両者から補充される中間層インテリからなる階層のない社会であることが建前とされた．しかし実際の統治はソ連共産党による一党独裁体制であり，政治に携わる人物は全て党の任命と承認を受けた人物である必要があった．そのため党が役職名と役職に就く候補者の名前を一覧表にして用意するシステムが存在した．それはノーメンクラツーラ制度であり，共産党書記局，政治局や各省大臣や大使，工場社長，ソフホーズ・コルホーズ社長等が入っていた（ヴォスレンスキー　1981；1988）．全ソ連でその一覧表にリストアップされた者は75万人であり，家族を含むと300万人であった．そして，彼らは特権階層としてソ連民の平均給料より8倍の給料や年金等を手に入れた（ibid）．観光に関しても同様であり，海外旅行の他に，国内では立地の良い無料の高級ダーチャやノーメンクラツーラ専用のパンシオナットやクロールトが存在し，時期を問わず1か月程度の休暇が可能であった．例えば，キルギスのイシック・クル湖畔の高級クロールトオーロラはノーメンクラツーラ層専用のものであり，他の階層の人は立ち入り禁止であった．つまり，ノーメンクラツーラ層なら観光も容易であった．

　しかし，ノーメンクラツーラリストに登録されていないエリート，インテリ，労働者，農民の各層の観光はノーメンクラツーラ層とは異なっていた．まず海外旅行については，ワルシャワ条約機構加盟国や社会主義圏へのものが可能であったが，個人で出国する許可には政治的制約があり，高価でもあるため，これらの人々は政府の計画通りの団体旅行を選択せざるを得なかった．しかし，それも数に限りがある配給制のものであり，各機関で労働成果や労働規律等の

厳しい審査により観光者が決定された．同様に，ソ連国内のクロールトやサナトリウム等の休暇施設への観光やダーチャ等も配給制であり，その中でも温泉治療，宿泊，食事，アミューズメントが含まれ，無料だが限られた人にのみ配給されるパンシオナットとクロールトが最もプレステージのある観光であった．その他の国内旅行についても，交通代やホテル代が組み込まれたソ連内の安価な団体旅行の希望者数はバウチャー数を遥かに超えていた．配給量の少なさは政府主導の観光に付加価値を与えるためだったと考えられるが，一方で政府は国内旅行なら個人でも自由に汽車の切符を購入可能にした．それは国民に不満を持たせないためだったと言える．

　共産党・政府はノーメンクラツーラ以外の階層の賃金を平均化し，その代わり政府主導のクロールト旅行やダーチャを労働の対価として配給した．これは労働意欲を喚起するために使用されたが，多くの場合，権力のある人から順番に享受できた．中央アジアで特権階層とされたのは非土着系住民であるロシア人等のテクノクラートであり，ソ連政府から優遇されたので，彼らは夏季中にクロールトを利用できた．一方で，Ａ氏のようなノーメンクラツーラ階層でもテクノクラートでもない地方在住キルギス人は，地元エリートであっても主に秋にしかクロールト旅行ができず，またＢ氏のような大学教授のインテリでもほとんどクロールトを利用できなかった．さらに，Ｃ氏のようなソフホーズやコルホーズの一般労働者や農民にはクロールト旅行のバウチャーは配給すらされなかった．なお，近隣の村（コルホーズ）単位での集団でならば定期的に温泉治療等に行ける制度が存在したが[45]，これにもソ連政府による農村部の集団化と団結力の醸成，労働の対価の意味が含まれたと考えられる．

　しかし，配給制の観光を入手できない人々は他の手段，例えば同一出身地や同じ職場のノーメンクラツーラ層との人間関係を築き，通常ならば困難であった国内旅行や海外旅行の機会を手に入れた．ライフヒストリー調査からも明らかになったように，ノーメンクラツーラ層に属していないエリートのＡ氏，インテリのＢ氏，そして農民のＣ氏はノーメンクラツーラ層の同一出身地や職場の人間関係を用いて通常なら困難であった国内旅行や海外旅行を手に入れ

45　ソ連時代トクモク市，イスクラコルホーズ在住のNo28．インタビュー対象者（女，76歳）へのインタビューによるもの

た．例えば，A氏はノーメンクラツーラ層の上司にお祝いや祭りの際等に豪華なプレゼントを贈るなどして人間関係をうまく築いたため，仕事の地位上昇につながり，クロールト旅行やカザフスタンまで旅行が可能となった．B氏もノーメンクラツーラ層の知り合いを通して日本への留学を手に入れ，日本での観光もできた．またC氏もノーメンクラツーラ層のコルホーズ社長にプレゼント等を贈り，関係を築いたため，モスクワへの観光ができたほか，一般キルギス人に許されなかった夏季草原観光を頻繁に行い，キルギス人の富の象徴である羊を多く所有することもできた．このように，社会主義時代にはノーメンクラツーラ層とのコネを持てば観光も可能であった．

　他に，政府主導の観光には学生やインテリのみが派遣された集団労働（農業・建設集団活動）や定期的なパレードが，中間的な観光にはソフホーズやコルホーズの祭り，文化クラブでの安価な映画やコンサート等が挙行・配給された．これらは愛国心や集団団結心を醸成する意図のものが多くソ連のイデオロギーを国民の間に浸透させるために使用されたと言える．例えば，大衆に思想・教義を教えるプロパガンダ手段の典型例の一つに映画『戦艦のポチョムキン』があった（水野　2017）．中間的な観光とはいっても，登山やスキー等の自発的休暇は，個人旅行より団体旅行の方がより安価で無料のものまであり，職場単位で各機関内に設置された観光クラブに所属することにより平日も実施可能で，土日の渋滞を避ける等の計画的観光につながっていた．

　資本主義化以降，労働組合によるクロールト等へのバウチャー配給は段階的に廃止された．労働組合は党や政府等の命令に従わない独立したものとなり，2006年に経済資本の獲得のため組合管理下にあるクロールトやサナトリウムへのバウチャーの半額をお金で購入できる制度に変えた．したがって，バウチャー配給は大幅に廃止され，社会主義時代から引き続いてA氏のような地元エリートを含む権力者たちが得ていたクロールト旅行も2006年以降不可能になった．

　国内外の旅行は市場経済に基づいて多数の民間会社がパッケージツアーのような形で販売するようになり，料金設定や広告等で観光客の獲得を争うようになった．しかし，ツアー商品とその消費者には階層間格差が明確に出ており，海外旅行やクロールト等への国内旅行も含めて基礎階層や下流階層には手の届

かないものとなった．だが，基礎階層や下流階層にとって家族・親戚・友人内の富裕な者から観光を受け取るといった相互扶助による観光も可能である．つまり，それまで国・職場から配給された観光は，社会体制転換に伴い，経済的制約のもとで自ら購入するもの，あるいは家族・親戚の援助によるものに変化したと言える．

第 2 節 ▷ 観光の動機

　上記のように，共産党・政府は観光をも物資と同じく配給制にしたが，人々はこのような政策を肯定的に享受した．ノーメンクラツーラ層にとっては海外旅行や専用の高級クロールト等への観光が支配階層であることの自己確認作業にもなっていた．このようにしてノーメンクラツーラ層はその他の人々から自分たちを差異化したと考えられる．また，地元エリートA氏にとっても，彼がクロールト旅行に行った際には，滞在先に親戚・知人・部下等が敬意を示すために大量の羊肉等を持参した．その伝統的なキルギスの交流がA氏のクロールト旅行の動機になり，地元エリートA氏の権威者としての自己確認作業にもなっていた．そのためにもA氏は労働での努力のほかに贈り物をするなどしてノーメンクラツーラ層の共産党書記との人間関係を維持していたと言える．以上のように，配給制に基づいて特別な旅行に行けるという特権意識は，権威者自身の自己確認作業にも，労働者の労働の動機づけにもなった．

　一方，パレード等のイベントや集団キャンプ，修学旅行等も，国家にとって国民に社会主義を受け入れさせるための道具として，またノルマ達成の報酬としての役割を付与されていたが，インタビュー対象者の多くは，これらの観光や生活自体も楽しかったと評価し，彼らはソ連時代に設立された温泉クロールト等に対してノスタルジーすら感じている．また，登山やスキー等の自発的な観光には，距離や山の高さ，難易度等によって観光バッジ制度が設けられていた．この制度は政府が自由旅行を管理する目的が含まれていたが，観光者にとってはバッジのカテゴリーを昇段していく達成感が観光の動機になっていたと言える．これらの動機は，資本主義化以降のイベント参加者や登山客，ある

いはバックパッカー旅行者の観光動機とは大きく異なると考えられる.

他方，資本主義化以降アウトバウンド旅行会社が増加し，価格競争により
「All inclusive」のトルコやエジプト，ドバイ等へのパッケージ旅行が中間階
層に人気を集めている．彼らにとってこれら海外パッケージ旅行の料金設定は
適切であり，キルギスのイシック・クル湖畔のホテルで休暇するより，同じ料
金で海外を見たいという観光動機になっている．つまり，海外旅行の原動力は
彼らの得したいという気持ちにあるとも言える．このような，より良いものを
より安く求める行動や動機はソ連時代にはほとんどなかったものであり，社会
主義社会と資本主義社会の大きな差異だと考えられる.

また，資本主義化以降メディアやインターネットの普及により，他者の海外
旅行記事やブログ等を容易に閲覧できるようになったことで，海外旅行を経験
した人への羨望や人並みの消費を求める横並びの気持ちも海外旅行の動機と
なっている．さらに，B氏のように新興富裕層に登りつめたキルギス国民の多
くは，自らを他者と差異化し，評価されるための顕示的消費として湖畔別荘や
ハンティング等の西洋趣味を取り入れている．これは資本主義社会における消
費の典型例と考えられる（ブルデュー　1979=1990）．このような新興富裕層
による観光は，帝政時代の有閑階層による顕示的消費と符合する．ヴェブレン
（1899=2015）は，有閑階層が自身の富や力を誇示するための消費を「顕示的
消費」と表現している．ソ連時代を経験した者にとっては，当時自由にできな
かった海外旅行やハンティング等を実行することが，単なる西洋への憧れから
生じた消費ではなく，ソ連時代を未経験の者と比べて，より野心的な顕示的消
費の対象となっていると考えられる.

さらに，資本主義化以降，インバウンド旅行者向けに観光化されたキルギス
人の草原放牧生活（牧畜はソ連時代にはコルホーズ等に再編された）が再び注
目されるようになり，都市在住キルギス人の間でも草原放牧生活の習慣を対象
とした草原観光やイシック・クル湖観光が誕生した．これらは外国人観光客に
よって与えられた価値・イメージを確認するような新しい観光の動機である．
しかし，資本主義化以降経済的に豊かになったにも関わらず，C氏のように社
会主義時代に農民・労働者だった者の中には，ヨーロッパから導入された観光
を忌避する者もいるため，体制転換に伴う観光の実践や動機は彼ら自身が持っ

ている文化資本とも関係しているとも考えられる．また，資本主義化以降キルギスではＣ氏が行なっているような聖地への観光が発展しつつあることもまた，ソ連時代にはあまり意識されていなかったキルギス民族の一員としてのアイデンティティが醸成され，観光の動機にもなっていることを示している．

第 3 節 ▷ 観光の社会的機能

　社会主義時代の観光は，政府により物と同様に労働の対価や褒美として配給された．国内外旅行の団体観光客は出国する前に政府に教えられたルール通りに動いており，観光はソ連政府にとって指揮者の棒と同じ機能を果たしたと言える．一方，国民から見れば，海外旅行等はただ地理的な国境を超えるものではなく，ソ連にはない海外の高品質の物資を手に入れる機会でもあり，それをソ連内の知人に売ることができた．つまり，観光はソ連国民にとって物資調達の手段や副収入を得る資本でもあった．

　また，党・政府にとってだけでなく，一般の人々にとっても，観光は国民の団結や統合の機能を持っていた．例えば，国内外への団体旅行は意図的にソ連のあらゆる共和国からの民族で構成されていくため，民族間コミュニケーションの連携役にもなった．これは，集団労働による観光でも同様であり，特に学生同士の友情，恋愛，結婚までつながり，当時の観光はカップルや家族形成の役割も果たしたと考えられる．

　そして，社会主義時代の観光はソ連国民にとって職場を中心とした集団の団結，上司との人間関係を維持するためのコミュニケーションツールでもあった．政府は国民の賃金を平均化したが，住居，車，輸入品，観光の配給により国民に差をつけていた．しかし，その配給に限りがあったため，人々は上述のように職場や個人の人間関係を利用することで，配給制の観光へのアクセスもできた．つまり，観光の入手には人間関係やコネが特権と同じ役割を果たしたと言える．ブルデュー（1979）は，進学や就職等を通じて，社会的地位の再生産に役立つ人脈を社会関係資本と表現しているが，ソ連社会においてはコネが社会関係資本に相当し，観光にも欠かせない要素であった．つまり，人付き合いを

大事にすることで，国家から順番に配給されるはずの車等の物質的な富に加え，観光をもいち早くもらうことが可能となった．

　資本主義化以降にもコネはキルギス社会に残存しているが，社会主義時代にあった職場中心の人間関係の代わりに，親類・友人・部族内の人間関係へと転換した．例えば，基礎階層や下流階層に属している人たちは，子供や親戚の支援によりクロールト旅行に行き，また親戚や知人をフィンランド研修やノルウェー留学および国内の乗馬観光に連れていく新興富裕層に属するB氏の例もある．B氏の基礎階層や下流階層への援助の動機には，金田（1995）が主張した血縁地縁主義が働いているほか，大倉（2013a）が指摘した「尊厳の欲求」が潜んでいる．このことからキルギス社会では，職場中心と家族・親類中心の違いはあるが，両時代に共通して観光は社会安定の役割（調整・互助）を果たしていると言える．

　また，資本主義化以降にインバウンドツーリズムがきっかけで発展し，キルギス人の殆どが行なっている草原観光は，手頃な値段で馬乳や馬乳酒による健康増進を目的とするとともに，社会主義時代に制限されたキルギス人の牧畜民としてのアイデンティティ（Kosmarskaya　2006）を取り戻す手段となっている．

第 4 節 ▷ 観光に付与された意味

　社会主義社会では賃金が平均化されていたこともあって，観光は労働の対価の一部として認識されていた．観光は党・政府によって巧妙に階層化されていて，憧れの対象になるものから，努力すれば手に入れられるもの，誰にでも実施できるものまで用意されていた．その結果として，観光は，党・政府にとっては国民支配（中央アジアのロシア化政策，集団化等も含む）やイデオロギー普及の道具として使用された．また観光は，人々にとっては労働の対価だけでなく，国家・党への信頼と忠誠・貢献の成果（国を信頼すれば・国に尽くせば・秩序を守れば与えてくれるもの）としても認識されていた．憧れの観光に行けるのは長年のあるいは特別な忠誠・貢献の成果であり，その観光は行った

本人にとっても，それに憧れた人々にとっても国家への信頼と帰属意識を高める役割を果たした．なぜなら，このような階層的な配給の構造は当たり前の秩序・規律としてソ連の人々に認識されていたからである．

　観光が組織への帰属意識を高める役割を果たしたのは，高度成長期から安定成長期にかけての日本にもある程度共通している．当時の日本の会社員は社員旅行や社内運動会等を通して企業への帰属意識を高めた．企業も社員に提供する観光レクリエーションの機会を，終身雇用や年功序列に基づく家族的な企業経営の潤滑油とした．しかし，ソ連の党・政府による観光の階層的な配給構造を通じた国民支配システムに比べれば，日本企業による観光の社員への提供は比較的平等であった．このように，ソ連社会と昭和後期の日本の企業社会において観光は帰属意識を高める道具として意味付けされていた点は共通しているが，両者の観光の組織支配への活用はその規模も構造も大きく異なっていた．

　資本主義化したキルギスでは，観光は労働や党・政府への忠誠の対価として国からもらうものという意味は大幅に減じた．その代わり人々は企業に労働時間を売るようになり，得られた収入で個人の選択によって観光を購入するようになった．富裕な者は自己顕示的消費の対象として，観光を他者と差異化するものとして利用している．一方，富裕でない者は観光を他者と同化するものとして消費している．それは他者に対して競争する気持ちが湧き，人並みに観光したいという意識からもたらされる．このように，観光に与えられた意味は階層分化しつつある．なお，両者の観光に対する意識は近年のSNSやブログで登場する他人の旅行経験からも強く影響を受けており，人々の観光実践はメディアという権力に管理されるようになったとも言える．そして，必ずしも個人は観光を完全に自由に選択しているわけではない．なぜなら，企業やマス・メディア，宗教による観光地の宣伝や広告は一定の場所に限られており，観光商品はパッケージ化され安価で提供されるため，個人の観光商品の購入はある程度誘導されるからである．

　資本主義化後，党・政府への忠誠や国家・職場への帰属意識は低下したが，それに代わって観光には家族・親戚・友人・部族等の身近なコミュニティを強化する役割が与えられている．特に富裕でない者にとって，身近な家族等からの観光の提供・同行によって，生活向上や社会安定が保たれている．このよう

に観光には，ソ連社会の秩序や規律が失われた中で，身近なコミュニティを中心とした新たな秩序や規律に再構築するための潤滑油としての機能が付与されていると言える．

第 **6** 章

結論

　今日の資本主義社会では，観光は個人が労働で得た収入を使い，労働とは切り離された余暇の時間に自らの意思で選択するものだが，多くの場合その対象はメディアや関連企業によって創り出されたものである．社会主義社会では，観光も党・政府により管理され，必ずしも自らの意思で選択したのではなく，労働の対価として配給された．中には農業・建設集団活動のような労働に準じるものもあり，また人々は職場の人間関係を活用して入手を図る等，観光は労働と区別されず，むしろその延長線上にあったと言っても過言ではない．それでも人々は観光に娯楽や癒しを求めており，この点は両社会に共通した観光の基底的な内容だと言える．

　先行研究では，ソ連政府が観光を社会主義や愛国心や社会主義のイデオロギー普及のために使用したことが指摘されていた．これに加えて個人の観光実践にまで踏み込んだ本研究で明らかとなったのは，ソ連は階層のない社会であることが建前で賃金も平均化されており，それゆえ観光は労働の対価として配給されたが，クロールト旅行等の一部の観光は権力のある者から順に配給され国民を階層化する手段としても使われたことである．さらに，社会主義体制下の観光は労働者の労働意欲を高めることにつながり，また権力上位の者による特権意識の自己確認を促したことも明らかとなった．結果として観光は，ソ連国民が国家や社会秩序を肯定し，国家への信頼と帰属意識を高める役割を果たしていたと言える．一方，資本主義化後は市場経済により社会階層が明確に分化してきており，経済力に応じた観光を行うことで，富裕な者は自己顕示的消費で他者と自身を差異化し，富裕でない者は競争意識から他者と同化しようとしており，観光が個々人の社会的地位や他者への存在感をある程度規定していると言える．このように観光は，政府による国民の階層化にも，個々人の市場原理に基づいた選択による個人・社会の階層化にも使われたと言える．

　もちろん，資本主義社会も当初は労働と余暇の時間の境界が曖昧であり，19世紀半ばのイギリスにおけるトーマスクック社の創業も労働時間内の禁酒運動と結びついた団体旅行商品の開発の発想にあった．加えて，第5章4節に記した日本企業における観光の家族的な経営への活用にも見られたように，観光が取り結ぶ生産と労働，余暇の関係は，資本主義社会においても変化してきた．しかし，かねてより資本主義社会には明確な社会階層が存在し，各階層の人々

のさまざまな欲求をくすぐるようにメディアや関連企業によって観光対象が創
られてきた．つまり，市場原理に基づいた観光商品購入による個人・社会の階
層化は資本主義社会に自然発生的に生じる固有の現象と言える．

　ソ連の人々は国内旅行や農業・建設集団活動等を通して他民族との融和や他
の組織・地域との関係を構築した．このことはキルギスにおいては党・政府に
よるロシア化政策への一助ともなったが，ソ連時代の個人の経験が物語るのは
交流の楽しさだけでなく，身近な友情の確認，他民族も含めた人脈の広がり，
結婚相手との出会い等，観光時における人生に必要不可欠な人間関係の存在で
あった．ソ連時代の観光は国によって管理され入手も困難なことが多かったと
はいえ，少数民族であるキルギスの人々にとっては人生の可能性を広げうる点
で資本主義化以降よりも観光の重要性は高かったと考えられる．これに対して
資本主義化後の観光には，親類・部族等身近なコミュニティ内の相互扶助や，
制約から解放され外部のまなざしから喚起されたキルギス民族のアイデンティ
ティの投影等，キルギス社会の安定化と新秩序への再構築の役割が課されてい
る．ソ連時代に比べれば資本主義化以降の観光は，どちらかというと内向きの，
キルギス社会内の結束を高める効用を持っている．これらはポスト社会主義国
として旧ソ連の盟主ロシアではなくキルギスを取り上げた成果である．

　従来の観光研究においては，資本主義社会の観光をめぐる議論が自明視され
る傾向にある一方で，社会主義社会に関する観光研究も党・政府が観光に与え
た役割や機能を解釈したものに留まっていた．これに対して本研究は旧社会主
義国における観光の経験や動機など個人の領域に着目し，筆者独自のキルギス
国民の口述記録を収集した点に希少性がある．本研究が解明したのは，観光が
単に余暇の非日常的な娯楽を目的とするのみならず，個人の階層内地位の確認
や他者との差異化・同化等を動機として，他者との関係性の中で実践されてき
たことである．そうすることで二つの社会と階層間移動を経験した人々は観光
を通して自らを変動する社会に絶えず位置づけ直していたことも解明された．

　しかし，本研究には今後取り組むべきいくつかの課題も存在する．本研究の
中心的課題は観光の動機や社会的機能，観光に与えられた意味であった．その
ため，観光を供給する側である，共産党や政府，企業やメディア等への分析・
考察には深入りしなかった．また，本研究でインタビューの対象としたキルギ

ス国民の多くは 1960〜80 年代のソ連時代経験者であり，社会主義時代から資本主義時代への社会体制転換に伴う彼らの観光実践を明らかにすることができたが，ソ連時代を経験していない比較的若い世代のキルギス国民の観光実践まで踏み入ることはできなかった．キルギスでも近代化・資本主義化が著しく進むほか，グローバルコミュニケーションシステムが社会に浸透したため若者の価値観や観光行動はソ連時代経験者と異なると考えられる．

　以上の残された課題を解明することで，ポスト社会主義国における観光の概念が総合的に明らかとなり，資本主義国における観光研究の蓄積との間でさらなる比較が可能になると考えられる．

参考文献

秋吉久紀夫　2012．遙かなる道程 中央アジアの動向-中央アジアの動向-．中国書店．

アコマトベコワ　グリザット　2013．キルギス共和国における温泉クロールトの発展と利用変化．立教大学大学院観光学研究科修士論文．

アコマトベコワ　グリザット　2015．社会体制変化に伴う「観光」の変容ポスト社会主義国キルギスにおける温泉クロールト利用者のライフヒストリー調査．史苑　75（2）：135-172．

浅見益吉郎　1977．ヨーロッパの温泉地について―視察報告．食べ物学会誌32：33-40．．

有末　賢　2012．『生活史宣言-ライフヒストリーの社会学』慶應義塾大学出版会．

石川晃弘　2009．『体制転換の社会学的研究：中欧の企業と労働』有斐閣．

岩崎一郎　2004．『中央アジア体制移行経済の制度分析』東京大学出版会．

岩田修二・渡辺悌二・マクサト アナルバエフ　2008．キルギス共和国の自然保護地域と観光開発．地理学評論　83：29-39．

上田卓爾　2008．日本における「観光」の用例について．名古屋外国語大学現代国際学部紀要4：85-104．

ヴェブレン，T．著，高　哲男　訳　2015．『有閑階層の理論』講談社．Veblen, T. 1899. *The theory of the leisure class: An economic study in the evolution institutions*. New York: The Macmillan Company.

ヴォスレンスキー，M．S．著，佐久間穆・船戸満之　訳　1981．『ノーメンクラツーラ-ソビエトの赤い貴族-』中央公論社．Voslensky, M. S. 1981. *Nomenklatura: Verlag Fritz Molden*.

ヴォスレンスキー，M．S．著，佐久間穆　訳　1988．『ノーメンクラツーラ-ソビエトの支配階層』中央公論社．Voslensky, M. S. 1988. *Nomenklatura: Die herrschende Klasse der Sowjetunion in Geschichte und Gegenwart*. West Germany: Bonm.

絵野沢喜之助　1965．訪ソ特殊鋼視察団報告講演-経済，労働について．鉄と鋼　51（9）：1672-1678．

遠藤英樹・堀野正人　2010．『観光社会学のアクチュアリティ』晃洋書房．

大倉忠人　2013a．キルギス人の経済観形成に係る一考察-キルギス民族の歴史と行動理論から―．公共政策志林　1：127-142．

大倉忠人　2013b．社会のセーフティ・ネットとして機能するキルギスの地域コミュニティ．地域イノベーション　5：125-136．

大島良雄　1965．ソ連の温泉，温泉気候療養の組織と療養原理．日本温泉気候物理学会雑誌　29（1・2）：1-8．

大島良雄　1967．ソ連の温泉．日本温泉科学会　17（2）：83-86．

カウンツ，G．S．著，田浦武雄　訳　1959．『ソビエト教育の挑戦』誠信書房．Counts, G. S. 1957. *Challenge in soviet education*. McGraw-Hill.

金田辰夫　1995．『体制と人間-中央アジアの小国の再生』日本国際問題研究所．

呉羽正昭　2001．チェコにおける観光客流動の変化-東欧改革前後を比較して-．人文地理学研究　25：1-36．

呉羽正昭　2004．チェコの温泉地カルロヴィ・ヴァリの変容．人文地理学研究　28：49-76．

小池洋一・足羽洋保　1988．『観光学概論』ミネルヴァ書房．

桜井　厚　2002．『インタビューの社会学-ライフストーリーの聞き方』せりか書房．

桜井　厚　2012.『ライフヒストリー論』弘文堂.

須藤　廣　2008.『観光化する社会-観光社会の理論と応用』ナカニシヤ出版.

ダダバエフ　ティムール　2006.『マハッラの実像-中央アジア社会の伝統と変容』東京大学出版会.

ダダバエフ　ティムール　2010.『記憶の中のソ連-中央アジアの人々の生きた社会主義時代-』筑波大学出版会.

谷　富夫　2008.『ライフヒストリーを学ぶ人のために』世界思想社.

辻村　明　1970.『現代ソヴェト社会論-社会学的分析』日本国際問題研究所.

中子富貴子　2010.　ソ連・ロシアにおけるツーリズムに関する一考察-ソコロワ，ウシスキン論考による帝政期，社会主義政権期のツーリズムの発展. https://www.kobe-yamate.ac.jp/library/journal/pdf/univ/kiyo17/17nakako.pdf

中野　卓　1977.『口述の生活史』御茶の水書房.

中野　卓　1995.『ライフヒストリーの社会学』弘文堂.

中村　宏　2006.　戦前における国際観光（外客誘致）政策-喜賓会．ジャパン・ツーリスト・ビューロー，国際観光局設置―．神戸学院法学36（2）：361-387.

ピアス，D.　著，内藤嘉昭　訳.『現代観光地理学』明石書店. Pearce, D. 2001. *Tourism today: a geographical analysis*. England: Longman.

ブルデュー，P.　著，石井洋二郎　訳　1990.『ディスタンクシオン-社会的判断力批判』藤原書店. Bourdieu, P. 1979. *La distinction-critique sociale du jugement*. Paris: Editions de Minuit.

ボードリヤール，J.著，宇波　彰　訳　1980.『物の体型-記号の消費』法政大学出版局．Baudrillard, J. 1968. *Le Système des objets*. Paris: Gallimard.

前田　勇　1991.『現代観光総論』学文社.

マクレイノルズ，L.　著，高橋一彦・田中良英・巽由樹子・青島陽子　訳　2014.『「遊ぶ」ロシア-帝政末期の余暇と商業文化』法政大学出版局．McReynolds, L. 2003. *Russia at Play: Leisure at the End of Tsarist Era*. Ithaca: Cornell University Press.

水野博介　2017.『ポストモダンのメディア論2.0-ハイブリッドかするメディア・産業・文化-』東光整版印刷.

森　彰夫　2008a.　キルギスの産業再生の政策課題. 今井正幸・和田正武・大田英明・森　彰夫編『市場経済下の苦悩と希望-21世紀における課題-』109-128.　彩流社.

森　彰夫　2008b.　キルギスの重債務貧困国（HIPC）イニシャティブ申請問題. 今井正幸・和田正武・大田英明・森　彰夫編『市場経済下の苦悩と希望-21世紀における課題-』130-150.　彩流社.

やまだようこ　2000.『人生を物語る』ミネルヴァ書房.

湯澤規子　2009.　在来産業と家族の地域史-ライフヒストリーからみた小規模家族経営と結成紬生産. 古今書院.

吉田世津子　2004.『中央アジア農村の親族ネットワーク-クルグズスタン・経済移行の人類学的研究』風響社.

吉田世津子　2012.　遊牧民の現在. 帯谷知可・北川誠一・相馬秀廣　編『中央アジア』. 143-155.　朝倉書店.

渡辺健二　2001.『キルギス便り』長征社.

Abramzon, S. (Абрамзон, С.) 1990. *Киргизы и их этногенетические и историко-культурные связи.* Фрунзе. (Kirgizy i ih etnogeneticheskie i istoriko-kulturnye svyazi. Frunze.)

Azar, V. (Азар) 1972. *Отдых трудящихся в СССР*. Otdyh trudyashihsya v SSSR.（ソ連の勤労者の休暇）

М.: Статистика. (M. Statistika).

Aigine (Айгине) 2009. *Святые места Иссык-Куля: паломничество, дар, мастрество*. (Svyatye mesta Issy-Kulya:palomnichestvo, dar, masterstvo). Бишкек.

Aitpaeva, G. (Айтпаева, Г.) 2004. Феномен мазаров в Кыргызстане(Fenomen mazarov v Kyrgyzstane). *Культурная антропология и археология (Kulturnaya antropologiya i arheologiya), AUCA*, 128-138.

Aleksandrov, V. (Александров, В.) 1931. *Киргизия и ее курортные богатства(Kirgiziya i eyo kurortnye bogatstva)*. Советская Азия(Sovetskaya Aziya).

Alekseev, P. (Алексеев, П.), Alekseev, V. (Алексеев, В.), Karlov, V. (Карлов, В.) and Kopanev, N. (Копанев, Н.) 1969. *Колхоз-школа коммунизма для крестьянства(Kolhoz-shkola kommunizma dlya krestyanstva)*. Правда(Pravda).

Almakuchukov, K. (Алмакучуков, К.), Begalieva J. (Бегалиева Ж.) and Gibadulin R. (Гибадулин Р.) 2007. Субъективный средний класс Кыргызстана : аналитический доклад(Subyektivnyi sredniy klass Kyrgyzstana: analiticheskiy doklad). Terra-Public.

Alymkulov, D. (Алымкулов, Д.), Saspekov, S. (Саспеков, С.), Simonenko, T. (Симоненко, Т.) and Alymkulov, R. (Алымкулов, Р.) 2002. *Горно-рекреационные ресурсы Кыргызстана и использование их в курортно-оздоровительных учреждениях(Gorno-rekreatsionnye resursy Kyrgyzstana i ispolzovanie ih v kurortno-ozdorovitelnyh uchrejdeniyah)*. *Кыргызско-Славянский Университет(Kyrgyzsko-Slavyanskiy Universitet)*, Бишкек(Bishkek).

Ananyev, M. (Ананьев, М.) 1968. *Международный туризм(Mejdunarodnyi turizm)*. Международные отношения(Mejdunarodnye otnosheniya).

Anderson, J. 1999. *Kyrgyzstan: Central Asia`s Island of Democracy?* Amsterdam: OPA.

Ashmarin, N. (Ашмарин, Н.) 1934. *О малоизвестных минеральных источниках Киргизии(O maloizvestnyh mineralnyh istochnikah Kirgizii)*. Центральная санитарная бактериологическая лаборатория(Tsentralnaya sanitarnaya bakteriologicheskaya laboratoriya).

Bartoldt, V. (Бартольд, В.) 1897. *Отчет о поездке в Среднюю Азию с научною целью 1893～1894 гг(Otchyot o poezdke v Srednuш Aziyu s nauchnoi tselyu 1893～1894)*. Типография Императорской Академии наук(Tipografiya Imperatorskoi Akademii nauk).

Bartoldt, V. (Бартольд, В.)1927. *История культурной жизни Туркестана(Istoriya kulturnoi jizni Turkestana)*. Издательство Академии наук СССР(Izdatelstvo Akademii nauk SSSR), 256.

Bartoldt, V. (Бартольд, В.) 1996. *Избранные труды по истории кыргызов и Кыргызстана(Izbrannye trudy po istorii kyrgyzov i Kyrgyzstana)*. Шам (Sham).

Basilov, V. (Басилов, В.) 1992. *Шаманство у народов Средней Азии и Казахстана(Shamanstvo u narodov Srednei Azii)*. Наука(Nauka).

Baum, T. 2007. Skills and the Hospitality Sector in a Transition Economy: The Case of Front Office Employment in Kyrgyzstan. *Asia Pacific Journal of Tourism Research* 12(2): 89-102.

Belovinskiy, L. (Беловинский, Л) 2015. *Энциклопедический словарь истории советской повседневной жизни(Entsiklopedicheskiy slovar istorii sovetskoi povsednevnoi jizni)*. Новое литературное обозрение(Novoe literaturnoe obozrenie).

Bespyatyh, Y. (Беспятых Ю.) 1991. *Из книги Фридриха-Христиана Вебера 『Преображенная Россия』 (Iz knigi Fridriha-Hristiana Vebera 『Preobrajonnaya Rossiya』)*. Часть I(Chast 1). Приложение о городе Петербурге и относящихся к этому замечаниях Петербург Петра I в иностранных описаниях(Prilojenie o gorode Peterburge i otnosyashihsya k etomu zamechaniyah Peterburg Petra 1 v inostrannyh opisaniyah). Л.Наука(Nauka).

Bogdanov G. (Богданов Г.) 1779. *Историческое, географическое и топографическое описание Санкт-*

160

Петербурга от начала заведения его с 1703 по 1751год, сочиненное Г.Богдановым, со многими изображениями первых зданий. (Istoricheskoe, geograficheskoe i topograficheskoe opisanie Sankt-Peterburga ot nachala zavedeniya ego s 1703 po 1751god, sochinyonnoe G.Bogdanovym, so mnogimi izobrajeniyami pervyh zdaniy). Санк-Петербург(Sankt-Peterburg).

Bogatyrenko, Z. (Богатыренко, З.) 1984. *Труд и заработная плата в СССР(Trud i zarabotnaya plata v SSSR)*. Словарь-справочник(Slovar-spravochnik). Москва(Moskva): Экономика(Ekonomika).

Boobekov, Z (Бообеков, З.) 2008. *Авpopa(Avrora)*. Бишкек(Bishkek).

Dadabaev, T. 2016. *Identity and Memory in Post-soviet Central Asia. Uzbekistan`s Soviet Past*. London: Routledge.

Vasilyev, E. (Васильев, Э.) 1983. *Труд, быт, отдых- демографический аспект(Trud, byt, otdyh0-demograficheskiy aspekt)*. *Популярная демография, вып. 1(Populyaranaya demografiya, vypusk 1)*. Финансы и статистика(Finansy i statistika).

Vlasov, N. (Власов, Н.), Tkachuk, V. (Ткачук, В.) и Tolstihin, N. (Толстихин Н.) 1962. *Минеральные источники, скважины, вскрывающие минеральные воды, и минеральные озера, каталоги(Mineralnye istochniki, skvajiny, vskryvayushie mineralnye vody, i mineralnye ozyora, katalogi)*. *Минеральные воды южной части восточной сибири(Mineralnhye vody yujnoi chasti vostochnoi sibiri)*. Академия наук СССР(Akademiya nauk SSSR).

Volskiy, M. (Вольский, М.) 1950. *Курорты Киргизии(Kurorty Kirgizii)*. *Издание по распространению политических и научных знаний Киргизской ССР(Izdanie po rasprostraneniyu politicheskih i nauchnyh znaniy Kirgizskoi SSR)*.

Voroshilov, V. (Ворошилов, В.) 2008. *История убыхов:очерки по истории и этнографии Большого Сочи с древнейших времен до середины XIX века(Istoriya ubyhov po istorii i etnografii Bolshogo Sochi)*. Полиграф-Юг(Poligraf-Yug).

Ganskiy, V. (Ганский, В.) и Andreichik, V. (Андрейчик, В.) 2014. *История путешествий и туризма(Istoriya puteteshestviu i i otdyha.)*. Новополоцк ПГУ(Novolotsk PGU).

Gashuk, A. (Гащук, А.) и Vukolov, V. (Вуколов, В.) 1983. *Туризм в Вооруженных Силах СССР(Turizm v Voorujyonnyh Silah SSSR)*. Воен. изд-во Министерства обороны СССР(Voennoe izd-vo Ministerstva oborony SSSR).

Granilshikov, Y. (Гранильщиков, Ю.) 1983. *Семейный туризм(Semeinyi turizm)*. Профиздат(Profizdat).

Gorsuch, A. and Koenker, D. 2006. *Turizm The Russian and East European Tourist Under Capitalism and Socialism*. Ithnaca and London: Cornell University Press.

Gralec, R. 1996. Tourism in the conditions of the market economy. *Current issues of the Tourism Economy* (Academy of Economics): 87–99.

Gubrium, J. and Holstein, J. A. 2001. *Handbook of Interview Research*. Context & Method. Sage Publications.

Hall, D. 1998. Tourism Development and Sustainability Issues in Central and South-Eastern Europe. *Tourism Management* 19(5): 423–431.

Hall, D. 2004. *Tourism and Transition-Governance, Transformation and Development*. Cromwell Press.

Hofer, M., Peeters, F., Aeschbach-Hertigm, W., Brennwald, M., Holocher, J., Livingstone, D. M., Romanovski, V. and Kipfer, R. 2002. Rapid Deep-Water enewal in Lake Issyk-Kul Kyrgyzstan Indicated by Trancient Tracers. *Limnology and Oceanography* 47(4): 1210–1216.

Denisov, P. (Денисов, П.) 1950. *Курортные ресурсы Кыргызской ССР(Kurortnye resursy Kyrgyzskoi SSR)*. Научно -популярная серия(Nauchno-populyarnaya seriya). Кир. ФАН СССР(Kir.FAN SSSR).

Djandjugazova, E. (Джанджугазова, Е.) 2010. Дачная культура или национальные особенности отдыха (Dachnaya kultura ili natsionalnye osobennosti otdyha). *Современные проблемы сервиса и туризма*

(Sovremennye problemy servisa i turizma)2: 1-5.

Doljenko, G. (Долженко, Г.) 1988. *История туризма в дореволюционной России и СССР (Istoriya turizma v dorevolyutsionnoi Rossii)*. Монография(Monografiya). издательство Ростовского Университета(Izdatelstvo Rostovskogo Universiteta).

Doljenko, G. (Долженко, Г.) and Savenkova, L. (Савенкова, Л.) 2011. Эволюция содержания дефиниции туризм как отражение социальных перемен в России (Evolyutsiya soderjaniya definitsii turizm kak otrajenie sotsialnyh peremen v Rossii). *Форум (Forum)* 2: 15-21.

Eckford, P. 1997. *International Tourism Potential in Issyk-Kul Oblast the Kyrgyz Republic: Report and Analysis*. Madrid: WTO.

Fitzpatrick, S. 1992. *The lady Macbeth Affair: Shostakovich and the Soviet Puritans, in The Cultural Front: Power and Culture in Revolutionary Russia*. Ithaca: Cornell University Press.

Jaakson, R. 1996. Tourism in Transition in Post-Soviet Estonia. *Annals of Tourism Research* 23(3): 617-634.

Jyrgalbekov, T. (Жыргалбеков, Т.) 1995. *История развития туризма в Кыргызстане в 50 е годы 19века -80е годы 20века(Istoriya razvitiya turizma v Kyrgyzstane v 50e gody 19veka-80e gody 20veka)*

Zaslavskaya, T. (Заславская, Т.) 1995. Социальная структура современного российского общества (Sotsialnaya struktura sovremennogo rossiyskogo obshestva). Экономические и социальные перемены (Ekonomicheskie i sotsialnye peremeny): *Мониторинг общественного мнения(Motinoring obshestvennogo mneniya)*. 6: 7-13.

Kantarci, K. 2006. Perceptions of Central Asia Travel Conditions: Kyrgyzstan, Kazakhstan, Uzbekistan and Turkmenistan. *Journal of Hospitality and Leisure Marketing* 15 (2): 55-71.

Kantarci, K. 2007a. Perceptions of Foreign Investors on the Toursim Market in Central Asia Including Kyrgyzstan, Kazakstan, Uzbekistan and Turkmenistan. *Tourism Management* 28: 820-829.

Kantarci, K. 2007b. The Image of Central Asia Coutries: Kyrgyzstan, Kazakhstan, Uzbekistan and Turkmenistan. *Tourism Analysis* 12: 307-318.

Kantarci, K., Uysal, M. and Magnini, V. 2015. *Tourism in Central Asia-Cultural Potential and Challenges*. Apple Academic Press.

Karasaev, H. (Карасаев, Х.) 1998. *Накыл создор(Nakyl sozdor)*. Бишкек(Bishkek).

Kvartalnov, V. (Квартальнов, В.) 2002. *Туризм(Turizm)*. М.: Финансы и статистика(Finansy i statistika).

Koenker, P. 2009. Whose right to rest? Contesting the Family Vacation in the Postwar Soviet Union. *Comparative Studies in Society and History University of Illinois at Urbana-Champaign* 51(2): 401-425.

Koroteeva, V. and Makarova, E. 1998. The Assertion of Uzbek National Identity: Nativization or State-Building Process? in Tourak Atabaki and John O`Kane, eds. *Post-Soviet Central Asia*, London: The Academic Publishers.

Kozlov, I. (Козлов, И.) 1983. *Петр Петрович Семенов-Тян-Шанский: пособие для учащихся(Pyotr Petrovich Semyonov Tyan-Shanskiy)*. Просвещение(Prosveshenie).

Kozlov, I. (Козлов, И.) 1973. *Здравницы профсоюзов СССР: курорты, санатории, пансионаты, дома отдыха(Zdravnitsy profsoyuzov SSSR: kurorty, sanatorii, pansionaty, doma otdyha)*.

Kozlov, I. (Козлов, И.) 1986. *Здравницы профсоюзов СССР: курорты, санатории, пансионаты, дома отдыха(Zdravnitsy profsoyuzov SSSR)*. Профиздат(Profizdat).

Kosmarskaya, N. (Космарская, Н.) 2006.*Дети Империи в постсоветской Центральной Азии: адаптивные практики и ментальные сдвиги : русские в Киргизии, 1992-2002(Deti Imperii v postsovetskoi Tsentralnoi Azii: adaptivnye praktiki i mentalnye sdvigi)*. Москва(Moskva), Наталис Пресс (Natalis Press).

Кэнкюся Русско-японский словарь. (研究社露和辞典）1988. Кэнкюся.

162

Levin, E. (Левин, Е.) 1959. *Советский ежегодник (Sovetskiy ejegodnik).*

Light, D. 2000. Gazing on Communism: Heritage Tourism and Post-Communist Identities in Germany, Hungary and Romania. *Tourism Geographies* 2(2): 157-176.

Lysikova, O. (Лысикова, О.) 2012. *Социальные изменения культурных практик отечественного туризма в условиях глобализации (Sotsialnye izmeneniya kulturnyh praktik otechestvennogo turizma v usloviyah globalistazii).*

Malgin, A. (Мальгин, А.) 2006. *Русская Ривьера-курорты, туризм и отдых в Крыму в эпоху Империи, конец XVIII-начало XX в.* (Russkaya Rivyera-kurorty, turizm i otdyh v Krymu v epohu Imperii, konets *XVIII-nachalo XX в.*) СОНАТ(SONAT).

McReynolds, L. 2006. *Turizm under Capitalism. The Russian and East European Tourist under Capitalism and Socialism.* Ithnaca and London: Cornell University Press.

Mironenko, N. (Мироненко, Н.) and Tverdohlebov, I. (Твердохлебов, И.) 1981. *Рекреационная география (Rekreatsionnaya Geografiya).* Москва(Moskva). Издательство Московского Университета (Izdatelstvo Moskovskogo Universiteta).

Murovin, S. and Zimin, I. (Муровин, С.Зимин, И.) 2017.*Двор российских императоров(Dvor rossiyskih imperatorov).* Энциклопедия жизни и быта(Entsiklopediya jizni i byta). Профиздат(Profizdat).

Musabaeva, A. 2012. *20 Years of Democratic Development in Kyrgyzstan: Internal and External Perspectives.* Bishkek Liberal Club.

Mysovskiy, I. (Мысовский, И.) 1931. *Тянь-Шань- путеводитель- Казакстан, Киргизия (Tyan-Shan-putevoditel -Kazakstan, Kirgiziya).* Физкультура и туризм (Fizkultura i turizm).

Namatov, Z. (Наматов, З.) 2016. Особенности процесса приватизации в Кыргызской *Республике(Osobennosti protsessa privatizatsii v Kyrgzyskoi Respublike).* Бишкек.Вестник КРСУю Т16-2. https://www.krsu.edu.kg/vestnik/2016/v2/a17.pdf

Nikulshin, N. (Никульши, Н.) 1965. *Физическая культура, спорт и туризм- сборник руководящих материалов ВЦСПС(Fizicheskaya kultura, sport i turizmm- sbornik rukovodyashih materialov VTSSPS).* Профиздат(Profizdat).

Novoselov, N. (Новоселов, Н.) 1961. *О превращении труда в первую жизненную потребность(О prevrashenii truda v pervuyu jiznennuiu potrebnost).* Изд-во ВПШ и АОН при ЦК КПСС(Izdatelsvo VPSH i AON pri TSK KPSS).

Нормативные акты Кыргызской республики(Normativnye akty Kyrgyzskoi Respubliki) 2002. О реализации объектов курортно-рекреационного хозяйства и государственных пакетов акций акционерных обществ, зарезервированных до особого решения правительства Кыргызской Республики(О realizatsii obyektov kurortno-rekreatsionnogo hozyaistva i gosudarstvennyh paketov aktsiy aktsionernyh obshestv, zarezervirovannyh do osobogo resheniya pravitelstva Kyrgyzskoi Respubliki).

Osokina, E. (Осокина, Е.) 1999. *За фасадом сталинского изобилия. Распределение и рынок в снабжении населения в годы индустриализации 1927-1941(Za fasadom stalinskogo izobiliya. Raspredelenie i rynok v snabjenii naseleniya v gody industrializatsii 1927~1941).* Москва(Moskva). РОССНЕП(ROSSNEP).

Palmer, J. 2006. Economic Transition and the Struggle for Local Control in Ecotourism Development: The Case of Kyrgyzstan. *Journal of Ecotourism* 5(1-2): 40-61.

Palmer, J. 2007. Ethnic Equality, National Identity and Selected Cultural Representation in Tourism Promotion: Kyrgyzstan, Central Asia. *Journal of Sustainable Tourism* 15(6): 645-662.

Palmer, J. 2009. Kyrgyz tourism at Lake Issyk-Kul: Legacies of Pre-Communist and Soviet Regimes. In *Domestic Tourism in Asia: Diversity and Divergence*, ed. Singh, S., 188. London: Earthscan.

Pantin, V. and Lapkin, V. (Пантин, В. и Лапкин, В.) 1999. *Ценностные ориентации россиян в 90-е годы*

(Tsennostnye orientatsii rossiyan v 90-e gody) Pro et contra. T. 4, 2.

Petrosyants, A. (Петросянц, А.) 1926. *Курортное дело в Средней Азии(Kurortnoe delo v Srednei Azii)*, Кирг. Курорт. Упр (Kirg.Kurot.Upr).

Petrov, V. (Петров, В.) 2008. *Фрунзе советский(Frunze sovetskiy), 1926~1991*. Бишкек(Bishkek). Литературный Кыргызстан(Literaturnyi Kyrgyzstan).

Plotnikov, B. and Prokopenko, N. (Плотников Б. и Прокопенко Н.) 1937. *Курорты Киргизии(Kurorty Kirgizii)*. Кирг. Курорт. Упр (Kirg.Kurort.Upr.).

Preobrajenskiy, V. and Krivosheev, V. (Преображенский, В. и Кривошеев, В.) 1980. *География рекреационных систем СССР (Geografiya rekreatsionnyh sistem SSSR)*. Москва(Moskva). Наука(Nauka).

Putrik, Y. (Путрик, Ю.) 2014. *История туризма(Istoriya turizma)*. Москва(Moskva).

Rihter, Z. (Рихтер, З.) 1930. *Азиатская швейцария: по киргизским кочевьям(Aziatskaya shveitsariya)*. *Библиотека пролетарского туриста(Biblioteka proletarskogo turista)*. Физкльтура и туризм (Fizkultura i turizm).

Rossyiskiy, D. (Российский, Д.) 1923. *Минеральные воды, лечебные грязи и морские купанья в СССР и за границей с указанием их врачебного применения(Mineralnye vody, lechebnye gryazi i morskie kupanya v SSSR i za granitsei s ukazaniem ih vrachebnogo primeneniya)*. Гос. Изд (Gos.Izd.).

Rychkov, N. (Рычков, Н.) 1772.*Дневные записки путешествия в Киргиз-Кайсацкую степь в 1771 г (Dnevnye zapiski puteshestviya v Kirgiz-Kaisatsskuyu step v 1771g.)*. СПб(SPb).

Samsonenko, T. (Самсоненко, Т.) 2000. *История создания Сочи-Мацестинского всесоюзного курорта(Istoriya sozdaniya Sochi-Matsestinskogo vsesoyuznogo kurorta)*. Краснодар (Krasnodar).

Schofield, P. 2004. Positioning the Tourism Product of an Emerging Industry; Image, Resources and Politics in Kyrgyzstan. In *Tourism and Transition-Governance, Transformation and Developmnet*: 105-118.

Schofield, P. and Maccarone-Eaglen, A. 2011. Nation in Transition: Tourism and National Identity in the Kyrgyz Republic. In *Tourism and National Identeties: An International Prespective*, ed. Frew, E. and White, L., 105-120. London: Routledge.

Sovetskaya Kirgiziya. 1936 (4) 15.

Svininnikov, V. (Свиниников, В.) 1985. *Социализм и свободное время-право на отдых, Советский образ жизни - основные черты, содержание, преимущества (Sotsializm i svobodnoe vremya-pravo na otdyh, Sovetskiy obraz jizni-osnovnye cherty, soderjanie, preimushestva)*. Высшая школа(Vysshaya shkola).

Starr, F. 2006. Central Asia in the Global Economy. Retrieved from http;/www.adb.org/Documents/Events/2004/ Ca-Global-Economy/CentraAsia.pdf

Sudnikov A. (Судников, А.) 1941. *Курорты Киргизии в статистическом обзоре за 2 пятилетку (Kurorty Kirgizii v statisticheskom obzore za 2pyatiletku)*, Кирг. Курорт. Упр (Kirg.Kurort.Upr.).

Tolstoi, A. (Толстой, А.) 1920. *Хождение по мукам (Hojdenie po mukam)*.

Tarunov, A. (Тарунов, А.) 2003. *Кавказские минеральные воды: к 200-летнему юбилею, 1803~ 2003(Kavkazskie mineralnye vody: k 200-letnemu yubileyu, 1803~2003)*. Научно-информационный издательский центр(Nauchno-informatsionnyi izdatelskiy tsentr).

Thompson, K. 2004. Post-colonial Politics and Resurgent Heritage: The Development of Kyrgyzstan`s Heritage Tourism Product. *Current Issues in Tourism* 7(4-5): 370-382.

Urry, J. 1990. *The Tourist Gaze*. *Leisure and Travel in Contemporary Societies*. Sage publications.

Usyskin, G. (Усыскин, Г.) 2000. *Очерки истории российского туризма(Ocherki istorii rossiyskogo turizma)*. СПб(SPb): Герда(Gerda).

電子アクセス

Elyutin,O.(Елютин О.)2014. Дача -символ жизни нашей.
https://www.nkj.ru/archive/articles/24074/.　2017年9月13日アクセス

Национальный статистический комитет Кыргызской Республики キルギス統計局1991〜2016年
http://www.stat.kg/ru/statistics/turizm／.　2017年10月23日アクセス.

付録　用語説明

観光クラブ（ツリスチテスキー・クルブ turisticheskiy klub）：ソ連時代に観光教育を取り入れられ大抵の大学に設けられた組織．1962 年の全ソ連の観光管理システムの再編に伴い，観光産業従事者が増加したことを背景に，観光人材育成が必要になったことから設置が進んだ．都市部のビルの一室や農村部の役所，学校や職場に事務所が設けられ，ソ連の体育大学や教育大学を卒業したインストラクターによって，観光ルート作成や観光情報が労働者や学生に提供された．

休暇ホーム（ドム・オッドゥハ dom otdyha）：海や湖畔に立地し，治療が行われない休暇施設．ソ連時代は大人のみが宿泊できた．

クロールト（kurort）：ピョートル大帝によってヨーロッパから導入された，海辺・湖畔，森林・山間部に立地する治療やリハビリ，病気予防のための温泉・泥療養施設（Doljenko 1988）．ソ連時代には休暇施設の中で最も高級で贅沢なものだと国民に認識されていた．労働組合管理のクロールトは大人専用であり，ソ連の労働者はクロールトを 1 人，あるいは，妻と一緒に利用することが多かった（Palmer 2006）．

子供サナトリウム（デトゥスキー・サノトリー detskiy sanatoriy）：体の弱い子供や重病を罹った子供のための保養施設．健康診断結果をもとに栄養管理がなされるほか，レクリエーションとエンターテインメントの機会（ハイキング，水泳，ゲーム等）も提供された．子供サナトリウムへの旅行は安価で，低所得の家族にも手頃であった（Belovinskiy　2015）．

コルホーズ：集団農場（コレクティヴノエ・ホジャイストゥヴォ kollektivnoe hozyaistvo）の省略形（研究社露和辞典　1988）．その集団が生産手段を所有・管理した農業協同組合であった．所属する農民は共同労働を行なった（Belovinskiy　2015）．

サナトリウム（サナトリー sanatoriy）：海や湖畔，森林・山間部での療養ができる施設．結核等の特定の病気治療用のものも存在する．なお，オーロラはサナトリウムと名がつけられているが，キルギスで最も豪華なソ連時代のク

ロールトとして知られる．共産党上級党員・幹部専用施設として建設された
（Boobekov 2008）ため，それ以外の人々に配慮してあえてサナトリウムと
名付けられたと考えられる．ソ連時代は大人のみが宿泊できた．

**全ソ連プロレタリア観光エクスカーション協会（Vsesoyuznoe Obshestvo
Proletarskogo Turizma i Ekskursiy）**：ロシア観光協会（1929 年にソ連プロ
レタリア観光エクスカーション協会に改称），ソビエトツーリスト（1928 年
に株式会社として誕生）と，ソ連プロレタリア観光エクスカーション協会が
合併して誕生した組織．

ソフホーズ：ソビエト経済集団農場（ソヴェトゥスコエ・ホジャイストゥヴォ
sovetskoe hozyaistvo）の省略形．国が生産手段を所有・管理する農業企業
の一種であった（Belovinskiy 2015）．

ソ連国内ツアー：バウチャー制のソ連国内ツアーは各居住地から一旦モスクワ
に集合して，そこでさまざまな出身地・民族の人々が参加ツアーに振り分け
られ，モスクワから出発した．ただし，各居住地のバウチャー制国内ツアー，
つまりキルギス国民の場合はキルギス国内ツアーはモスクワでの集合は不要
だった．交通代やホテル代が組み込まれたソ連国内団体ツアーの希望者数は
バウチャー数を遥かに超えていた．配給量の少なさは政府主導の観光に付加
価値を与えるためだったと考えられるが，一方で政府はキルギス国内旅行な
ら個人でも自由に汽車の切符を購入可能にした．

ダーチャ（dacha）：（特に避暑の）別荘（zagorodnyi dom），または郊外避暑
地（研究社露和辞典 1988）．ソ連時代の 1930 年代には，ソ連の大都市に在
住する軍人，専門家，芸術家，作家などの中で最も裕福な者が，政府から借
地して夏のダーチャを自費で建てた．同時期に，政府はこれらの階層に公営
のダーチャを貸し出す制度を作った．例えば，筆者のインタビューによると，
フルンゼ在住のキルギス共産党第 1 書記や各省大臣等のエリートも公営の
ダーチャを使用したが，任期が終わり次第返却しなければならなかった．一
般の労働者に分配されたダーチャ用地には $15m^2$〜$20m^2$ の家の面積制限が
あった．そして，与えられたダーチャの土地は国の所有であるため，土地を
活用しない場合は国に返却しなければならなかったという．家を建てて利用
し続ける人は，地区ごとに組織されたダーチャ協同組合から家の利用権を得

ることで，相続もできた．

地区（ラヨン rayon）：州の下位レベルの行政区であり，その空間的範囲は日本に当てはめると市町村の上位レベルの郡に相当する．

ツーリストバッジ（ズナチョック・ツリスタ znachok turista）：18歳以上のソ連国民向けの観光者養成システム．救命救急や野外活動，地質学等を段階的に修得することでより上級のバッジを獲得していく．これについては中子（2010）が詳しい．

トイ・アッシュ（Toi Ash）：キルギス独自の家族・親戚・友達や知り合いとの会合．トイ（Toi）は赤ちゃんの誕生祝いの他に，80〜90歳の祝い，結婚式，自分所有の家の建設や購入の祝い等であり，大抵の場合招待されていくものである．アッシュ（Ash）は葬式一周忌であり，招待されていく．ほかに，シェリネ（Sherine）とテゥロー（Tuyloo）もトイ・アッシュに含めた．シェリネは，一定期間ごと（1年間内でそれぞれの参加者が必ず当たるように実施の期間を決める）に近所・親戚・友人・知り合いの間で互いの家に順番に招待しあい，食事（現在カフェやレストラン実施が多い）や会話を楽しむ交流のことである．テゥローは，動物の奉納を行い，その場所の使用許可を得ること（例えば，家を建てるために），あるいは，物事（例えば，無事に遠方から帰ってくること）の成就の祈りのために家族・親戚・友達を集めて行うイベントである．

ノーメンクラツーラ（nomenklatura 任命職名表）：共産党・ソビエト等の上級機関によって承認される一連の任命職の公式リスト，または特権階層（研究社露和辞典　1988）．ノーメンクラツーラには共産党書記局，政治局や各省大臣や大使，工場社長，ソフホーズ・コルホーズ社長等が入っていた（ヴォスレンスキー　1981；1988）．全ソ連でその一覧表にリストアップされた者は75万人であり，家族を含むと300万人であった．彼らは特権階層としてソ連民の平均給料の8倍の給料や年金等を手に入れた（ibid）．観光に関しても，海外旅行の他に，国内では立地の良い無料の高級ダーチャやノーメンクラツーラ専用のパンシオナットやクロールトが存在し，時期を問わず1か月程度の休暇が可能であった．例えば，キルギスのイシック・クル湖畔の高級クロールトオーロラはノーメンクラツーラ階層専用のものであり，他の階

層の人は立ち入り禁止であった．つまり，ノーメンクラツーラ階層なら観光も容易であった．

パンシオナット（pansionat）：海や湖畔に立地し，一部では温泉・泥治療，物理治療が行われる．ソ連時代は子供も同伴で宿泊できた．

ピオネール（pioner）：ソ連時代の共産少年団員．満10〜15歳の少年が対象であったが（研究社露和辞典 1988），入団する条件は生徒の成績や学校での態度で決まった．

ピオネールラーゲリ（pioner lager 子どもキャンプ）：労働組合，機関，企業により夏期および冬期休暇中に組織されたピオネール（ソ連時代の共産少年団員で満10〜15歳の少年が対象）および学校の生徒（7歳から15歳まで）のための教育施設およびレクリエーション施設．ソ連内各国の湖畔や黒海等の自然豊かな場所に設置され，3か月間の夏季休暇中2週間から1か月間滞在できた（Belovinskiy 2015）．子どもキャンプ旅行のバウチャーは両親の仕事先で労働組合から配布された．あるいは，成績の優秀な子供たちが学校から選ばれて行くこともあった．1920〜30年代の子どものキャンプはキャンバステントに宿泊し，焚き火で調理をする等，小さな一時的なキャンプであったが，後に遮光小屋や時には2階建ての大型住宅がいくつも建設されるようになった．子どもキャンプの多くは田舎に設置されたが，1960年代から町の学校に付属したキャンプが建設され，技術習得のサークル活動やスポーツサークル活動，芸術的なアマチュアパフォーマンス，川遊びやベリーの森への遠足，キャンプ地を知るための長時間の遠足等が行なわれた．子どもキャンプは各8日間滞在の3部構成で，最大24日間の滞在が可能であった．各部の開会式や閉会式では大規模な「ピオネール」の焚き火やスポーツ選手のパフォーマンス，子供たちのゲーム等が行なわれた．子供たちの健康が管理され，食事も十分に摂れた（Belovinskiy 2015）．なお，現在も子供キャンプ旅行のバウチャーシステムは残っているが，現在は現金でもバウチャーが購入可能になった．

誘拐婚（アラ・カチュー ala kachuu）：男性が女性の意思に関係なく自分の家に連れて来て，結婚させる習慣．中央アジアでもキルギスとカザフスタンに存在し，ソ連時代でもなお一般的な結婚の一つであった．なお，誘拐婚は現

在では法律で禁じられているが，キルギスの伝統的な結婚であると勘違いし
ている人が多いため残存している．

労働組合（プロフソユーズ profsoyuz）：ソ連では，全ての労働者に労働組合
への加入が義務付けられており，職場別・企業別・地域別の労働組合が組織
され，それら全てをモスクワの全ソ連労働組合評議会が統括していた．労働
組合は労働者の福利厚生や社会保険も担当しており，大きな資金・権力を有
していた．

謝　辞

　本書を出版することにあたり立教大学出版会に感謝を申し上げます．

　そして，立教大学観光学研究科の先生方に深くお礼と感謝を申し上げます．まず，立教大学観光学研究科では，修士課程および博士課程在籍中指導教授を務めてくださった佐藤大祐先生に大変お世話になりました．先生の客観性のある指導姿勢のお蔭で，私の人生と価値観が変わりました．それは，元ソ連という社会主義システムの教育に加え，中央アジアの伝統的な社会の中で育った私が，研究を通して，研究だけでなく生活の面でも物事を客観的に考えるようになったことです．先生の一つ一つの言葉や指導は私の人生にとって貴重な財産で，今後の研究者として歩むための宝です．心から感謝を申し上げます．

　また，修士課程からの副指導教授である杜　国慶先生にも，深く御礼を申し上げます．杜先生のゼミに修士から参加させていただき，何度も研究へのご助言と丁寧な指導をしていただいて私は本当に幸運であると思っております．

　次に，博士論文の副指導教授の大橋健一先生にも深く感謝と御礼を申し上げます．本研究の不十分なところをご指摘してくださいました．元ソ連社会と資本主義化以降の現在の社会や建築に関する大橋先生のご助言やご指導はこれからの研究に活かしていきたいと思っております．

　また，本研究の外部審査を担当してくださいました筑波大学准教授のTimur DADABAEV先生にも深く感謝と御礼を申し上げます．DADABAEV先生には本研究の完成度をより高めるために貴重なコメントをたくさんいただきました．同じ中央アジア出身の先生は私にたくさんの応援の言葉も贈ってくださり，心強く思いました．

　そして，本書の出版にあたり，立教大学観光学研究科准教授門田岳久先生に大変お世話になりました．初めての本出版へのたくさんのアドバイスやご指導はとても貴重でした．門田先生に深く感謝を申し上げます．

　本研究の現地調査は2011年から2017年にかけて実施されました．現地調査実施にあたり，2012年の旅の文化研究所の「第19回公募研究プロジェクト」及び公益財団法人日本科学協会笹川科学研究助成の2014年の研究助成金をいただいたお陰で，有効な研究調査ができました．心より感謝とお礼を申し上げます．そして，現地調

査では何度もお世話になった方々に感謝と御礼を申し上げます．まず，インタビューに答えて下さったキルギス国民87人と，ライフヒストリー方法を取った研究者のキツイ質問に何度も丁寧に応じて下さったA氏，B氏，C氏に心より感謝を申し上げます．また，労働組合，観光局，各温泉クロールトの医師やスタッフなどに貴重なソ連時代と現在の情報や資料をいただいたことに感謝申し上げます．また，本研究は元ソ連の社会や観光状況を客観的に見るために，現在のキルギスだったらまだ手に入らない私の研究が必要とする日本をはじめ世界中からの国際的な図書や資料が，立教大学の図書館にて調達できました．図書館のスタッフの皆様に何度もお世話になりました．心より感謝とお礼を申し上げます．

　最後に，日本での8年間半の留学生活の心の支えとなってくれた父のKubatbek AKMATBEKOVと母Kanymbyby JUMAEVA，娘Akbermet ISHENOVA（現15歳）と息子Altynbek KARASAEV（現13歳）には，私の勉強をサポートしていただいたことに感謝の気持ちでいっぱいです．そして，私の兄弟たち（兄Azamat AKMATBEKOVと彼のご家族，姉Aizat AKMATBEKOVAと彼女のご家族，弟Kairat AKMATBEKOVと彼のご家族）と，在日キルギス協会会長のAsel NAZARMANBETOVA氏，親友のNirmala Ranashinge氏や有賀孜様，下村様，若月様，浅沼様ご家族をはじめ，キルギス・日本でのたくさんの友達の皆様，立教大学の友達が日本留学生活終了までいつも優しく応援してくださいました．そして，立教大学の同級生澁谷和樹氏には，博士論文および本書の日本語修正をみてくださったことに心より感謝とお礼を申し上げます．

　また，本研究は私を天国で見守ってくださった大好きな2人のおじいちゃんAkmatbek TURSUNOV氏とIsash JUMAEV氏，2人のおばあちゃんたちSatarbyby TURSUNOVA氏とBatmabyby ESENALIEVA氏，大好きなお兄さんRadbek AKMATBEKOV氏に捧げます．

　私の日本留学は，日本文部科学省の奨学金（2009年4月〜2016年3月）のお陰で可能になりました．この場を借りて日本文部科学省と日本の皆様に感謝を申し上げます．日本での8年間半の留学生活は大事な人生経験であり，研究や日本での旅，生活を通して広い視野を持つことになり，客観的にキルギスの現状や課題を見ることができました．本研究は私の今後の貴重な土台となり，新たな出発点となると願っています．そして，キルギスで日本のような「楽しみの温泉」をつくる夢と，キルギス社会への貢献や観光立国に力を入れていきたいと思っております．また，キル

ギスをはじめ中央アジアと日本の懸け橋になれることを約束します．これからも皆
様に見守られながら歩んでいきたいと思います．

2020 年 5 月 11 日
Gulzat AKMATBEKOVA

著者紹介

Gulzat AKMATBEKOVA（グリザット アコマトベコワ）

1980 年 10 月キルギス生まれ。2003 年ビシュケク人文大学国際関係学部卒。2009 年立教大学大学院観光学研究科前期課程入学。2019 年同研究科後期課程修了、博士（観光学）取得。2021 年現在 KOICA のキルギスにおける有機農業政策支援と農家能力開発プロジェクトのコンサルタント。キルギス地域社会の伝統とメンタリティを考慮し、日・韓・欧州の成功例も取り入れ、開発協力全般、特にエコツーリズムの開発、観光客を惹き付けるための有機村のブランド化を担当。

転換する観光経験
——ポスト社会主義国キルギスにおけるソ連時代経験者の観光実践を中心に

2021 年 3 月 30 日　初版第 1 刷発行

著　者	Gulzat AKMATBEKOVA （グリザット アコマトベコワ）
発行所	立教大学出版会 〒 171-8501 東京都豊島区西池袋 3 丁目 34-1 電話（03）3985-4955 email rikkyo-press@rikkyo.ac.jp
発売所	丸善雄松堂株式会社 〒 105-0022 東京都港区海岸 1 丁目 9-18

RIKKYO
UNIVERSITY PRESS

編集・製作　丸善プラネット株式会社
組版　株式会社明昌堂
©2021, Gulzat AKMATBEKOVA．　Printed in Japan
ISBN　978-4-901988-37-7　C3039

JCOPY ＜出版者著作権管理機構 委託出版物＞
本書（誌）の無断複製は著作権法上での例外を除き禁じられています。複製される場合は、そのつど事前に、出版者著作権管理機構（電話 03-5244-5088、FAX 03-5244-5089、e-mail: info@jcopy.or.jp）の許諾を得てください。